発達障害の早期発見と支援へつなげるアプローチ

市川宏伸 編著

金剛出版

はじめに

市川宏伸

I　発達障害者支援法とその周辺

　これまで公的扶助の対象外であった発達障害を支援の対象にしたのが，発達障害者支援法である。それまでは，盲聾を含む身体障害，精神障害，知的障害は支援の対象であり，療育手帳（精神保健福祉手帳）が交付され，障害年金も受けられた。2017年4月に施行された発達障害者支援法で，知的障害のない自閉症や注意欠如多動性障害などの発達障害も支援の対象になり，社会生活上の困難が認められれば，手帳や年金も貰えるようになった。教育においては平成19年より特別支援教育が始まり，障害者基本法，障害者総合支援法，障害者雇用促進法，障害者差別解消法などの制定（改正）に際しては，精神障害（発達障害を含む）という文言で発達障害が明記されていった。
　平成28年になり，この法律の制定に関わりを持ってきた発達障害の支援を考える議員連盟の先生方が中心になり，発達障害者支援法の改正が行われた。新たに目的，定義，基本理念が明記され，「すべての発達障害者の支援は，発達障害者の社会参加，生活の選択の機会確保，地域社会における共生が妨げられない」とされた。改正内容では，支援のための施策として，「発達障害者に対する司法手続きにおける配慮」「当事者に加えて，発達障害者の家族への支援」などが追加されている。情報を共有し，関係者等の連携の緊密化を図るため，「地域の実情に応じた体制の整備について協議を行うため，発達障害者支援地域協議会を設置できる」とした。
　総務省行政評価局は，約2年かけて制定後10年経過した発達障害者支援法について調査を行い，平成29年1月に報告を出している。保育所・学校現場を含む都道府県・市町村における発達障害者支援の実態を初めて調査し，今後の取り組みに当たっての課題を整理し，厚生労働省，文部科学省に改善

を勧告した。報告書の前書きには,「発達障害者が"生きづらさ"を,その保護者が"育てにくさ"をそれぞれ感じることなく,日常生活や社会生活を営むことができるようにするためには,改正発達障害者支援法の成立を踏まえ,乳幼児期からの各ライフステージを通じた切れ目のない関係者による支援の充実のほか,発達障害に対する国民の理解の浸透を図っていくことが重要である」との記述が入った。勧告の要点としては,①発達障害の早期発見,②適切な支援と情報の引継ぎ,③専門的医療機関の確保の3点が挙げられた。

Ⅱ　発達障害とさまざまな分野の話題

　さまざまな社会的な話題を見る際に,発達障害を念頭に置くと,いろいろなものが見えてくる。いじめ,からかい,不登校,ひきこもり,虐待,自傷,自殺,依存,理解できない犯罪,ゴミ屋敷問題,孤独死などの社会的話題との関連は考慮する必要がある。家庭を中心に,"虐待"は話題になっており,保護者は"何を考えているか分からない","可愛くない"子どもと訴える。身体虐待だけでなく,心理的虐待,養育放棄なども増加している。医療現場で見ていると,「必要な治療を受けさせない」「不必要な治療を受けさせる」などの広い意味の虐待も見られる。発達障害児者は,厳しい状況下におかれた際に,「どのように立ち回ったらよいのか」理解できない。学校では先生の指示が理解できず,「ハイ」と返事しても行動を改めないため,「反抗している子ども」「可愛くない子ども」と誤解されることもある。注意され,叱責されてもその意味が理解できず,ますます叱られるうちに,発達障害の症状が一段と顕在化,悪化する。自己評価が低下し,自分の存在感が持てなくなり,心理的に追い込まれることもある。対人関係やコミュニケーションがうまくいかないために,同年齢児の中で"からかわれ","いじめられ"それが契機で不登校になり,卒業後も自宅閉居を続ける"ひきこもり"に至る場合もある。中には,"いじめ"が激しいのに,ひたすら登校を続けて,結果として自殺に至る例もある。文部科学省は,「発達障害は特別支援教育で対応し,不登校は通常学級で,スクールカウンセラー(SC)が対応する」としていた時期もあったが,現在不登校の半分以上は発達障害児であり,分け

て考えることは難しい。また家庭内の問題が反映しやすい点もあり，スクールソーシャルワーカー（SSW）による対応も重要になっている。"いじめ"は学校だけでなく，福祉施設，医療機関など，どこでも生じる可能性があり，大きな社会問題になっている。現状が満足できない自己不全感，現実逃避的発想あるいは発達障害児者の一部が持つ新奇探求性などに基づくと思われる依存なども見られる。子どもではゲームやネット依存，男性ではギャンブル，アルコール，薬物依存など，女性では買い物依存などが指摘されている。発達障害児者は相手の気持ちを理解できないだけでなく，自分の気持ちをうまく伝えられないため，何らかの犯罪に関連を持っても，実情をうまく説明できない。質問の真意が理解できないため，不利になる応答をして，罪が重くなることもある。この背景には，マスメディアの報道姿勢もある。他人には理解できない独特の考えで行動した結果，起きた犯罪が大々的に報道されることと関連がある。その挙句に，「精神鑑定の結果，発達障害であった」と報道されれば，「発達障害者は犯罪を引き起こしやすい」という風聞が広がってしまう。その結果，実際には，発達障害者は犯罪の被害者になることが多いにも関わらず，「加害者になりやすい」と誤解を受けてしまう。自傷・自殺も発達障害に多いわけではないが，周囲が理解できない理由で引き起こすことがある。このことは，発達障害者の持つ自己不全感，衝動性亢進との関連が指摘されている。これらの事柄は，発達障害が社会的に知られていなかったために，生じて来たと考えられる。

III　ライフステージを通じた支援

　発達障害の定義は，発達障害者支援法の中に記されており，「自閉症，アスペルガー症候群その他の広汎性発達障害，学習障害，注意欠陥多動性障害その他これに類する脳機能障害であり，その症状が通常低年齢で発現するもの」とされている。発達障害は，連続体（スペクトラム）としての存在であり，境界が鮮明ではない。軽度の者も含めれば多数の存在があるとされる一方で，置かれる環境や周囲の対応によって，社会適応は大きく変わってくることも知られている。発達障害も広汎性発達障害，学習障害，注意欠陥多動

表 0-1 発達障害の課題とライフステージ（市川, 2017）

ステージ	話題になっている課題
就学前	家庭における育て方，行動理解の難しさ 幼稚園や保育園での友人関係や行動上の課題における指導の難しさ
小学校	小学校低学年を中心とした，授業への取り組みの難しさ 同級生からの，からかいやいじめ 高学年を中心とした，学習指導上の困難さ（通常教育，特別支援教育）
中学校	いじめを契機とした不登校と孤立 学習上の困難の存在（学習障害）
高校	出席や単位の取得の困難 不登校の延長による自宅閉居の出現（中退や社会からのドロップアウト）
大学	履修届，実習，ゼミ，面接での困難 サークル活動などにおける，孤立した大学生活
成人	職場での対人関係の困難に起因する，"職場の雰囲気を乱す者"とする評価 会社の無理解と産業医の理解不十分による自主退社要求
成人後期	発達障害が知られないままに，長期にわたる自宅閉居 親の介護と引きこもりによる 80・50 問題

性障害，コミュニケーション障害，チック障害，協調性運動性障害など多岐にわたっている。一人ひとりで見れば，これらが重なっていたり，二次的に生じる不安・抑うつなどの症状も混じっており，さまざまな様態を示す。発達障害そのものは一種の特性と考えることも可能であり，生涯を通じて存在していると考えられる。

　生涯を通じて何らかの支援が必要になる場合もあれば，支援がなくても社会生活上の困難を感じないこともある。後方視的には低年齢からの支援が望まれるが，幼児期までは，保護者は何らかの疑問や，心配を抱えていても発達障害の存在を認めることに積極的ではない。幼稚園・保育園の段階では，発達障害の存在を前提にしない支援が望まれる。就学に際して学級選択の必要性が生じて，改めて対応に苦慮する。就学後も同年齢児との関係，担任の理解，学習への取り組みなどで苦労する。理解ある担任と巡り合ったとして

も，担任の交替もあり，学年が上がるにつれ，学習の困難，進学の方向性などで苦労する。仮に学業成績が優秀でも，周囲との違和感，友人の乏しさなどで孤立感を味わう。大学に進学できたとしても，単位の履修，実習やゼミ，就労のための面接などで苦心する。就職した後も，嫌と言えないため，無理な仕事を引き受けたり，同僚や上司との人間関係で悩む。学齢期から課題を抱え，思春期以降にドロップアウトしてしまった場合は，そのまま中年期以降を迎えることもある（市川，2017）。

IV　今後の展開

　平成 10 年頃に小学校低学年で初めて話題になった発達障害は，その後中学校などでも話題になり特別支援級，通級などにおける対応が行われた。高校でもその対応が話題になり，文部科学省は平成 30 年からの高校への通級の導入を考えている。大学では，センター試験への特別配慮が行われるようになり，発達障害支援室などを設置し，発達障害に対して積極的に対応する大学も出てきている。一方で職場ではまだ十分に発達障害は知られていないため，「上司の指示に従えない」「職場の雰囲気を乱す」などのレッテルを貼られ，退社を余儀なくされる場合もある。発達障害者支援法が施行され 12 年経過し，少しずつその存在を知られるようになっているが，その特性を生かすことなく企業の中に埋もれている場合もある。発達障害そのものは「人口の 1 割はいるであろう」とされており，特別な支援を行うよりは社会全体を対象としたユニバーサルデザインの普及が望ましいと思われる。「発達障害に住みやすい社会は，すべての国民に住みやすい社会」であると考えるべきではないだろうか？

　なお本書は，「精神療法」誌 39 巻 6 号（2013 年 12 月）から 41 巻 5 号（2015 年 10 月）に連載の「発達障害へのアプローチ―最新の知見から」を加筆修正し，まとめたものである。

文　献

市川宏伸（2017）発達障害とは．（五十嵐義雄編）『はたらく』を支える！　職場の発達障害．pp.8-19，南山堂．
総務省（2017）発達障害者支援に関する行政評価・監視結果に基づく勧告．

目次

はじめに …………………………………………………………市川宏伸　3
 Ⅰ　発達障害者支援法とその周辺　3
 Ⅱ　発達障害とさまざまな分野の話題　4
 Ⅲ　ライフステージを通じた支援　5
 Ⅳ　今後の展開　7

第1章　最近の発達障害概念 ………………………………市川宏伸　15
 はじめに　15
 Ⅰ　発達障害とは何か　15
 Ⅱ　発達障害支援の経過　18
 Ⅲ　発達障害と医療　20
 Ⅳ　発達障害をどうとらえるか　23
 Ⅴ　発達障害の特徴　24
 おわりに　26

第2章　発達障害と精神疾患 ………………………………広沢正孝　29
 はじめに　29
 Ⅰ　ASDと統合失調症との異同——発達障害と精神障害との交錯の歴史　30
 Ⅱ　発達障害と他の精神障害との合併の問題　37
 おわりに　40

第3章　発達障害の早期支援 ………………………………本田秀夫　45
 はじめに　45
 Ⅰ　早期支援の対象　46
 Ⅱ　早期発見　47
 Ⅲ　早期支援の基本的な考え方　50
 Ⅳ　親支援　52
 Ⅴ　早期支援の場とシステム　54
 おわりに　58

第4章　発達障害のアセスメント ……………………… 神尾陽子　61
 はじめに　61
 I　発達障害のカテゴリー分類　62
 II　発達障害の連続的評価　63
 III　発達的観点からみた発達障害アセスメント　68
 IV　今後の課題　68

第5章　発達障害と療育 ……………………………… 内山登紀夫　71
 はじめに　71
 I　発達障害の支援における療育，精神療法，教育の位置づけ　72
 まとめ　85

第6章　発達障害と教育 ………………………………… 柘植雅義　87
 はじめに　87
 I　発達障害の教育を巡る経緯　87
 II　発達障害の教育における認知と理解　89
 III　発達障害の教育的対応の制度　93
 IV　発達障害の教育的対応の実際　95
 V　発達障害の教育的対応の課題　97
 VI　インクルーシブ教育システム構築の時代の中で　98
 おわりに　98

第7章　発達障害と就労 …………………………………… 小川　浩　101
 はじめに　101
 I　発達障害者の就労状況　102
 II　多様な就労形態と障害者雇用　105
 III　就労支援のプロセス　108
 IV　現場で生じる問題とその支援　111
 おわりに　114

第8章　発達障害と虐待・ひきこもり ………………… 田中　哲　117
 はじめに　117
 I　人の精神発達の基本構造　118
 II　発達課題・発達過程と自立　121
 III　養育環境と発達過程の個別性　121
 IV　精神発達の不均衡としての発達障害　122
 V　養育者としての統合と養育環境　124
 VI　被虐待体験ないし不適切養育体験　125
 VII　自立の困難とひきこもり　127

Ⅷ　発達に対する支援の視点　128
　おわりに　131

第9章　発達障害者支援の行政（厚生労働省の施策を中心に）に関する動き
………………………………………………………………………日詰正文　133
　はじめに　133
　Ⅰ　法・制度上の位置づけ　133
　Ⅱ　発達障害の広がり　137
　Ⅲ　発達障害施策の展開　142
　おわりに　147

第10章　発達障害と司法 ………………………………桝屋二郎　149
　はじめに　149
　Ⅰ　発達障害と反社会的行動の疫学的知見　150
　Ⅱ　発達障害者に反社会的行動が生じる背景　152
　Ⅲ　発達障害は反社会的行動のリスクファクターか？　155
　Ⅳ　触法発達障害者の矯正や支援　156
　おわりに　160

第11章　発達障害と家族支援 ……………………………井上雅彦　163
　はじめに　163
　Ⅰ　家族における支援ニーズの理解　164
　Ⅱ　ライフステージによる家族支援ニーズの変化と支援　166
　Ⅲ　家族支援の連携　173

第12章　成人期の発達障害──ASDの最近の研究と臨床報告について
………………………………………………金井智恵子・加藤進昌　177
　はじめに　177
　Ⅰ　臨床上の成人ASDの患者　177
　Ⅱ　ASDの診断および評価　178
　Ⅲ　ASDの診断・評価方法　179
　Ⅳ　ASDの臨床統計　183
　Ⅴ　ASDの神経心理学　184
　Ⅵ　夫婦関係に焦点を当てたASD夫婦の支援　186
　おわりに　190

　索　　引　195
　執筆者一覧　198

発達障害の早期発見と
支援へつなげるアプローチ

第1章 最近の発達障害概念

市川宏伸

はじめに

　発達障害者支援法が施行されてから約12年が経過した。この法律が存在する前は，知的障害のある自閉症児者には公的支援があっても，知的障害のない自閉症児者には支援がない状況であった。発達障害の支援を求めて役所の窓口へ行っても，法律施行以後は門前払いを受けることはなくなった。この点では大きな進歩であるが，「"発達障害"という言葉は知られるようになっても，その本質が適切に知られているとは言えない」というのが現状である。発達障害概念についての現在の考え方，これまでの経過を中心に考えてみたい。

I　発達障害とは何か

1. 最近の社会的話題

　教育場面では，"からかい"，"いじめ"が話題になっている。これらに関連して"不登校"，"自殺"なども取り上げられている。部活においては"しごき"が取り上げられ，スポーツの世界でも改革が叫ばれている。"不登校"を契機に"ひきこもり""ニート"などに至る場合も見受けられ，若者の，就労における一つのテーマとなっている。また家庭においては，"虐待"が取り上げられ，青少年の健全な生育との関連で話題になっている。司法関連では，"理解できない犯罪"への対応がこれからの課題である。これらの問題は，十分に支援が及んでいなかったところに生じている，という共通点が

ある。そして,「直接的ではないかもしれないが,発達障害が関与している」点を無視できないように思われる。

2. 発達障害のいくつかの特徴
　発達障害は低年齢から存在しており,発達障害が濃い場合は,その特徴は就学前には見られることが多い。児童・青年期を中心に,いくつかの例を挙げてみる。

　①相手の気持ちが分からないし,自分の気持ちをうまく伝えられない。
　このことは,いわゆる"仲良し"を作れないことに繋がる。このことは本人の真意が伝わりにくく,誤解をうけやすい。結果として理解してくれる友人が乏しく,孤立しやすい。そのために,学校では「変わっている」と考えられ,"からかい"や"いじめ"の対象になりやすい。成人になってからも,同僚や上司からも「おかしな人」と思われ,職場で誤解を受けやすい。

　②物事の考え方が,"全か無か"であり,条件付きの考え方が難しい。
　物事を考えるときに,"当然の前提"を考えられないため,"暗黙の了解"が存在しない。
　考え方に柔軟性がないため,"杓子定規である""融通がきかない"などと評される。人を見るときも,「"良い人"か"悪い人"か」で考えてしまうため,「言っていることをすべて信じる」か「言っていることにまったく耳を傾けない」の極端な対応になりやすい。このことは"騙されやすい"ことにも繋がる。

　③会話において,意味を取り違えやすい。
　2つ以上の意味を持つ言葉は,使用される状況でその意味を判断する必要がある。特に,大勢で話し合っている際に,「誰と誰の会話かを判断する」のが苦手である。具体的な指示には従いやすいが,自己判断を要求される指示には混乱しやすい。相手の考え方や,現在の状況が呑み込めていないため,挨拶,自己紹介,面接などは苦手である。

④独特の考え方や行動様式を持っている

　特定のことにのみ興味を持ちやすく，特定の分野で波はずれた才能を発揮することもある。特定の分野において，他人が真似できないような素晴らしい仕事をする可能性がある。一方で，広い視野に立った判断が難しいため，周囲の予測と異なった行動をとり，誤解を生みやすい。他人も自分と同じ考えであると思い込み，一方的な行動をとる可能性がある。

⑤科目によって大きなバラツキがある。

　知的水準は高くとも，学校の成績に反映されないことがある。特定の科目では素晴らしい成績を残しても，別の科目では成績が悪い。短期記憶や聴覚認知などに課題を抱え，本人の努力と関係なく，勉強の成果が得られない。学習上の困難を抱えており，困っているにも関わらず，「頭は悪くないのに努力の足りない子ども」と思われやすい。

⑥感覚の感受性が特別である。

　聴覚過敏など，特定の感覚が過敏あるいは鈍感なために，生活上の困難を抱えることが多い。自分では調節できない感覚上の問題であり，思春期以降も続くことが多い。このことにより，「火傷をしやすい」「凍傷を作りやすい」こともある。ほとんどすべての感覚において生じる可能性があり，一人でいくつかの特別性を有する場合もある。

⑦物事への注意がうまくできない。

　注意をする際の方向性，持続性，配分などに課題を抱えており，十分な注意を払えない。特定のことにのみ注意を払ってしまい，全体としての注意が行き届かない。自分の興味あることだけにのめり込みやすい。

⑧衝動性が高い。

　物事の本質を理解することが苦手であり，目の前の出来事に対して一方的な判断をして衝動的な行動に陥りやすい。自己抑制が苦手なため，注意された際に，周囲が理解できないような怒り方をすることもある。注意されても，

その意味が適切に理解できないため，納得したように見えても，しばらくすると同じような行動をとり，注意される。このようなことを反復しているうちに，一段と衝動性が亢進し，何回も注意を受ける。何回も叱責されているうちに，自己評価が低下し，自暴自棄的になることもある。

II　発達障害支援の経過

1．国内での経過

　東海地区の発達障害児者団体が中心になり，国会議員に対して知的障害のない発達障害児者も公的支援が必要であることを訴えていた。これらの動きに答えて，国会議員が中心になり，平成16年2月～12月まで厚生労働省において検討会が約10回開かれた。これに並行して，平成16年12月に発達障害者支援法が国会を通過し，平成17年度から施行された。この法律の成立は国会議員に加え，医療，教育，福祉，心理などの関係者が10ヵ月にわたって検討してきた結果であった。文部科学大臣と厚生労働大臣が連名で署名しており，議員立法でありいわゆる理念法である。この法律施行の結果として，平成22年12月の障害者自立支援法の改定，平成23年7月の障害者基本法の改定の中で，対象は身体障害，知的障害，精神障害（発達障害を含む）と明記され，発達障害が法案上も障害の仲間入りをした。障害者自立支援法が審議の中で替わった総合支援法，および差別解消法などでも，その対象となっている。

　教育では平成19年度から特別支援教育が正式に始まり，その対象は発達障害児などであり，「学習障害，高機能自閉症，注意欠陥（欠如）多動性障害など」とされた。平成14年の文部科学省調査では，教育上の配慮を要する児童生徒は，平成14年度通常教育に6.3％，平成24年度調査で6.5％いるとされた。同様に，特別支援教育に在籍する生徒は平成14年度で1.2％，24年度に1.4％とされており，合わせて平成14年度で7.5％，24年度で7.9％となる。この調査では，学習障害，注意欠陥多動性障害，自閉症などの社会性を調べる，3質問紙を用いている。特別支援教育を開始する背景には，平成4年から11年まで開かれた，「学習障害に関する協力者会議」の結論があっ

た。通常学級に在籍し，知的障害はないが学力に極端な遅れを示す生徒への対応が問題となっていた。現在の就学相談では，知的障害がない場合は通常学級に在籍すべきだが，学力に加え，行動上の問題や対人関係面で課題を抱える"発達障害"のある子どもたちでは，知的水準は高い場合もある。これらの知的障害のない生徒に対しては，通常学級に在籍して特別支援学級に通級，あるいは固定の通常学級への転籍などが正式に可能となった。

　発達障害者支援法の中では，「対象者（児）は，脳機能の障害であって，その障害が通常低年齢に発症するものとされ，次官通達では，ICDのF8（学習能力の特異的発達障害，広汎性発達障害など）およびF9（多動性障害，行為障害，チック障害など）に含まれるもの」とされた。この法律の対象者は，ICD（Interna-tional・Classification・of・Diseases：WHOが使用している，医療の国際疾病分類）を使って定義されており，Fコード（精神科）の大カテゴリーのうち，F8, F9を支援対象としている。学習障害，広汎性発達障害，注意欠陥多動性障害などをまとめて"発達障害"として支援しようとする点がその特徴である。実際に臨床場面で会う子どもたちは広汎性発達障害，注意欠陥多動性障害，学習障害，協調運動障害，コミュニケーション障害などが単独で存在するのではなく，重複して存在することが珍しくない。世界的には，異なる定義を行っている国もあるが，まとめて発達障害として支援する，我が国の定義を臨床面から合理的とする考え方もある。

2. 海外での経過

　米国では1960年代から発達障害（Develop-mental・Disabilities）という公衆衛生学に基づく概念があり，重度の精神遅滞や脳性麻痺などが支援の対象となってきた。日本での発達障害（Developmental・Disorders）概念に近いものについては，クリントン大統領時代にNIMH（国立精神保健研究所）を中心にADHDの大規模研究が行われ，薬物治療を中心とする治療法がその中心におかれた。またブッシュ大統領時代に，我が国と比較すると約100倍の予算が自閉症に計上され，生物学的な研究が積極的に行われている。米国の場合は，これらの研究を国家的プロジェクトとして行い，診断や治療についての先進な方策を見出していこうとする方向性が見られる。

英国では 2009 年に自閉症法（Autism・Act）が作られ，さまざまな支援が可能になっている。日本では WHO による ICD に基づく診断基準が使用され，広汎性発達障害（PDD），多動性障害（HD），学力の特異的発達障害（SDD）が使用されるが，英国では自閉症スペクトラム障害（ASD），注意欠陥（多動性）障害（ADHD/ADD），特異的学習障害（SLD）が使用されている。国内で使われる精神遅滞（MR）が英国では学習障害（LD=Learning・Disability）とされている。国内の SDD は英国では Dyslexia（読字障害），Dyscalculia（計算障害），Dysgraphia（書字障害）にあたる。このあたりの用語，疾病概念については，国によって異なっており混乱を来しやすい。

III　発達障害と医療

　国内の医療現場では，世界保健機関による ICD と米国精神医学会による DSM（Diagnostic・and・Statistical・Manual）が診断基準として使用されている。精神科の症状は客観的な数字による評価が難しいため，これら診断基準は「表面に出てくる症状をいくつ満たすか」を診断根拠にしている。発達障害者支援法の中には，学習障害，注意欠陥多動性障害，広汎性発達障害などが例としてあがっているが，臨床場面ではこれらに加えて，発達性協調運動障害，コミュニケーション障害等も含まれている。

1．広汎性発達障害
　対人関係，コミュニケーションの障害，独特の考え方や行動のし方を持つ自閉性障害や，対人関係の障害と独特の考え方・行動様式を持つアスペルガー障害がその中心である。予後調査からは，精神遅滞（知的障害）の重い者，軽い者，ない者に分ける分類が知られている。2013 年 5 月に公表された新たな診断基準である DSM-5 では，自閉症スペクトラム障害（自閉スペクトラム症）（ASD）として一括りにされており，下位診断はなくなっている。一方で，知的障害，言語障害，他の疾患背景などを特定する必要がある。
　その特徴がよく見られる，就学前のエピソードには以下のようなものが知

られている。「1歳までは手がかからなかった」、あるいは「這い這いの頃から大変だった」、と記憶が両極端に分かれる。2歳まででは、刺激に対する極端な反応、人見知りがない、呼名回避、言語遅滞などが目立つ。就学までには、多動で迷子になる、玩具に興味を示さない、玩具を本来の目的に使わない、一人遊びを好む、形式的な遊びに留まる、こだわりが目立つ、「グルグル回っても目が回らない」「乗り物酔いがひどい」、視線回避、呼名回避、睡眠覚醒リズムの障害などがある。また視聴覚・触覚などの感覚過敏／鈍麻があり、騒々しい環境や特定の音（運動会のピストル、トイレの流水音等）を嫌がる、味覚や触感・色に基づく偏食等もみられることがある。就学後は一旦安定期になることが多いが、知的水準や言語遅滞の重い場合を中心に、いわゆる"パニック"（不穏）が生じたり、睡眠障害がみられることがある。小学校高学年以上になると、男子では母親より体力が強くなるため、"パニック"様の興奮や自傷・他害がある際には、家庭対応が困難となる。

2. 注意欠陥多動性障害

　不注意、多動・衝動性が三徴とされるが、不注意だけ、多動・衝動性だけの場合もある。注意の持続が特定の事柄にばかり集中しており、全体に対する注意の配分ができない。周囲からは、なぜ興味を示すか分からない。騒々しい環境などでは、情報処理が難しいためか、自己コントロールが苦手で、不安定となる。注意・叱責を中心とする通常の注意の仕方よりは、クールダウンやカームダウンが有効である。成長につれて多動は目立たなくなるが、不注意は成人になっても持続している。衝動性は周囲の環境因が強く影響し、静かな少人数の環境では安定している。DSM-5 では、いくつかの項目について変更があったが、名称含め大きな変更はなかった。これまで広汎性発達障害との併記は認められていなかったが、今回の改定で併記可能となった。児童・青年期に出現する症状については、下記のようなものが知られている。

　「多動性」については、「（座っていても）手足や身体を動かす」「離席する」「余暇活動などに落ち着いて参加できない（はしゃぎ回ってしまう）」「多弁」など6項目が含まれる。ただし幼児期にはどの子どもも多動の傾向があり、小学校低学年迄は離席は時にみられるなど、年齢によって変化しやすい項目で

あり注意を要する。クラスで多くの生徒が離席するようであれば，学級運営のし方にも目を向けるが必要がある。また小学校高学年以降には，明らかな多動は目立たなくなり，"落ち着かない感じの自覚""多弁"に注目して問診する必要がある。

「衝動性」については，「質問が終わらないうちに出し抜けに答える」「順番を待てない」「他者の行動を中断させたり割り込んだりする（会話やゲーム等）」の3項目が挙げられている。

3. 学習障害

医学におけるSLDでは，読字障害，書字障害，算数能力障害などが知られている。読字障害としては，教科書を読むのが苦手で，「文節を切れない」「形の似た字を取り違える」「行を飛ばしたり再読する」「文字は読めても，内容を理解できない」などがある。書字障害としては，「文章を読んで理解する力はあるが，文字が書けない」「文字をなかなか覚えられず，字が不正確である」「原稿用紙のマスの中に書けない」「鏡文字（左右が逆になる）になる」「へんとつくりが逆になる」などが見られる。算数能力障害としては，「算数用語や符号の理解にかける」「数字を認識しない」「数字を正しく並べることができない」「物が何個あるか言えない」などが挙げられる。これらの背景には，視覚・聴覚からの情報の受容，統合，表出のどこかに遅れや偏りが生じる，一種の認知障害が存在し，その結果として学習面の課題を抱えると思われる。DSM-5では，限局性学習障害となったが，内容に大きな変化はなさそうである。

4. その他

これ以外にも，極端に不器用である発達性協調運動障害，「言葉がうまく表出できない」「加えて理解がうまくできない」「音韻に問題がある」「吃音がある」などのコミュニケーション障害なども発達障害に含まれる。DSM-5では，発達性協調運動障害は，チック障害などとともに運動障害の分類に入っている。

Ⅳ　発達障害をどうとらえるか

　発達障害は支援法が成立してから，国，都道府県，市区町村が中心となって，発達障害の啓発・普及が行われてきた。発達障害がいくつかの法律上も明記され，障害の一つとして認められつつある。発達障害者支援センターは都道府県，政令都市 70 カ所以上に設置され，相談業務や支援体制の整備が行われてきている。ハローワークにおける特別枠を利用した就労も行われ，ジョブコーチなどの導入も行われている。教育においても特別支援教育が始まり，校内にはコーディネーターが任命され，専門家チームも導入され，個別支援計画も作られ始めている。いくつかの分野で発達障害への支援は進みつつある。この結果として国民の間に"発達障害"という言葉は知られるようになってきているが，内容について適切に理解されているかについては疑問な点もある。

　たとえば，大阪で行われた裁判員裁判で，アスペルガー症候群と鑑定された被告に求刑を上回る判決が出た件である。40 代の男性が小学校の頃から"いじめ"の対象になり，不登校が始まり約 30 年間"ひきこもり"を続けていた。母親や姉が中心になって支援を行っていたが，「自分がうまくいかないのは，家人のせいである」と誤解して，姉を殺害してしまった事件である。この件はその後控訴審で刑期が短縮された。この方が就学したのは，今から 35 年ほど前であり，"発達障害"は社会的に認知されていなかった。おそらく，周囲からは，本人は「努力の足りない，困った子ども」とされ，保護者は「躾のできない親」と非難されてきた可能性がある。

　"発達障害"への支援も行われないままに成人に達してしまい，孤立していったと思われる。社会から孤立したことについては，彼に責任があるというよりは，適切な支援を行ってこなかった社会の方に問題があると思われる。

　最近気になるのは，裁判員裁判でのことである。裁判員に精神科医師がプレゼンをするが，その際に発達障害に不慣れな先生が担当になると，見落とされてしまうことがある。厚生労働省も発達障害の分かる医師の増加を目指しているが，まだまだ不足なようである。

V　発達障害の特徴

　発達障害は人生を通じて存在している。初めは学童年齢で話題になったが，やがて中学生に成長し，高校性になり，社会人になっていく。現在は成人になった発達障害者への対応が遅れている。また，発達障害は早目に気づいて，適切な対応がなされれば，社会不適応を感じることは少なくなると思われる。このことは発達障害者に変わってもらうだけでなく，社会そのものの，発達障害者の受け入れが改善されることが重要である。

1．発達障害の特徴
1）その数の多さ
　医療の現場から出てくる数字は，特定の母集団によるものだが，教育から出てくる数字は一般人口に近いものと考えられている。文部科学省からの統計では，特別支援教育を受けている児童・生徒では，盲・聾と肢体不自由を合わせても，その3倍近い発達障害を含む知的障害がいる。前述した文部科学省の統計によれば，全児童・生徒の約8％の発達障害がいることになり，日本の人口を1億2,000万人とすれば，約1,000万人となる。このすべてが支援を必要としていないとしても，支援を必要とする者は数百万人と考えられる。

2）外見上の問題点の分かりにくさ
　発達障害の場合，知的障害を抱えていれば，早く気付きやすいが，そうでない場合は本人も周囲も気付くのが遅くなることがある。このことは，「怠けている」「困ったものだ」「反抗的である」などの誤解を，受けやすいし，支援の開始が遅くなることにつながる。

3）発達障害の存在の境界は明確ではない（図1-1）
　発達障害があるかないかを明確にしめすことは難しい。このことは発達障害の存在は連続体（スペクトラム）であり，グラデーションであることに

- 連続性のある障害
- 外見上の変動もある障害

気づくのは遅い　　　　　　　　　　　　　気づくのは早い

＊まったく発達障害的要素を持たない人はいるのか？

図1-1　発達障害の特徴

つながる。多く存在していれば，気付くのも早いが，少なければ見逃される可能性もある。筆者の経験では，大多数の人に多かれ少なかれ，発達障害的要素は存在しており，程度が違うように思える。このことは，「発達障害が存在していてはいけない」わけではないことにつながる。存在していても支援が不要な人もいるが，社会生活に困難さを感じているのであれば，支援の対象になるであろう。

4) 外見上は症状が改善したように見えることもある

発達障害の経過を見ていくと，落ち着いている時期もあるし，不安定になる時期もある。たとえば，小学校で担任が交代すると落ち着かなくなることもあるし，落ち着いて過ごすこともある。社会人でも，職場が変わり，上司や同僚が変わると不安定になることもあるし，安定することもある。このことは置かれる環境や，対応の仕方によって大きく変わることを示している。

5) 家族的背景を持つことがある

最近欧米を中心に発達障害の遺伝的背景が指摘されており，メタ解析によると，ADHDでは統合失調症よりも遺伝的背景が強いことが示唆されている。このことは，発達障害への対応がよくないことで，家族を責めても仕方がないことにつながる。臨床場面でも，保護者に発達障害が存在していると，子どもの発達障害の存在に気付くのが遅れることはよく経験する。

6）いくつかの発達障害が同時に存在していることは珍しくない

発達障害は，単独で存在することは珍しく，多くが重複して存在する。ASDの存在で来院されても，ADHDやSLDが重なっていることは珍しくないし，発達性協調運動障害やチック障害が併存していることもある。もちろん，発達障害以外の二次的な障害が併発していることもある。

2. 成人になった発達障害者

発達障害は全人生的に存在しているものであり，成人になっても存在している。社会生活上困難を来している場合もあるし，課題を抱えていないこともある。低年齢から発達障害の存在に気付いて，いろいろと対応してきたが，社会的困難を成人に持ち越している場合もある。一方で発達障害の存在に気付かないままに成人になって，社会生活や家庭生活での困難に直面する場合もある。発達障害による多少の困難さを抱えていても，学校教育では成績が良ければ，見逃されていると思われる。たとえば，不注意が優勢のADHDにおいては，成人してから職場などの社会生活や，夫婦・親子関係などの家庭生活で困難を来す。これまで，大きく取り上げてこられなかった分野であり，これから支援が行われるべきところである。社会生活においては，就労に際して困難を感じる例は多い。会社への連絡の取り方，履歴書の書き方，面接の仕方などで戸惑う。就労しても職場の人間関係で苦労することは多く，ジョブ・コーチなどに入ってもらった方がよい場合もある。人間関係の破綻が契機で就労持続困難な場合もある。会社における労務管理や職場環境の適正化が十分でなければ，退職に追い込まれることもある。この場合に本来機能を果たすべき，産業医もまだ十分に機能を発揮しているとは言えない。仮に退職しても，再就労の道は険しいのが現実であり，パート職を繰り返す例も珍しくない。

おわりに（図1-2）

臨床現場で，発達障害児者と接していて感じるのは，発達障害は「境界の明確でない連続体」と考えられる。2012年の文部科学省から出た数字は，"教

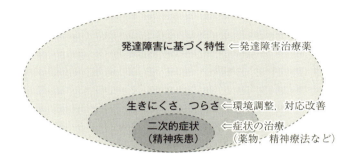

発達障害に基づく特性：忘れ物，段取りができない，片付けられない
生きにくさ，生きづらさ：社会生活の中で感じる
二次的症状：抑うつ，不安，依存など

図 1-2　発達障害と治療

育上の配慮を必要とする児童・生徒"として約8％であり，多少の傾向を持つ人まで入れれば，かなりの数になると思われる。もちろん全員が支援を必要としているわけではないが，置かれる環境や対応が適切でないために"生きづらさ"や"生きにくさ"を感じていれば支援の対象になる。またこのような状態がさらに続けば，二次的な精神症状を来すこともある。学校場面や職場で"生きづらさ"や"生きにくさ"を呈しているならば，環境調整や対応改善が必要になる。二次的な症状が存在し，医療現場を訪れるようになった際に，呈している症状への対応だけでなく，背景にある発達障害に着目できることが重要である。もちろん"生きづらさ"や"生きにくさ"を呈してくる背景にある発達障害に対して，直接的な働きかけができれば，それに越したことはない。就学前からの"早期の気づき"，"早期の対応"を目指して，"児童発達支援センター"の設置が具現化しつつある。これらの支援が進む反面，40代以降の発達障害者は生育過程で発達障害が知られておらず，本人も保護者も誤解され非難を受けている実情がある。発達障害の更なる理解・普及が進み，本人・保護者の理解だけでなく，社会の受け入れ改善が進むことが期待される。

文　献

文部科学省（2012）「通常の学級に在籍する発達障害の可能性のある特別な教育的支援を必要とする児童生徒に関する調査」調査結果.

市川宏伸（2012）医療における発達障害の支援. LD 研究, 21；143-151.

市川宏伸（2013）現状と課題―国内外の動向. 総合リハビリテーション, 41（1）；7-11.

第2章

発達障害と精神疾患

広沢正孝

はじめに

　成人の精神科領域や心理領域における発達障害，とりわけ自閉スペクトラム症（Autism Spectrum Disorders；以下 ASD）者ないし広汎性発達障害（Pervasive Developmental Disorder；以下 PDD）者への関わりは，彼らがもつ精神症状（「精神疾患」）を介してであるといっても過言ではなかろう。しかし現状では，発達障害と精神疾患との関係が十分に吟味されることなく，診断や治療が推進されているように思える。おそらく臨床に携わる人々は，常にこの点に「ひっかかり」を覚えるのではなかろうか。やはり両者が病因論的にいかなる関係にあり，また両障害が現代の心理学や精神医学でいかに解釈され得るのかを整理することが，今，われわれには必要なのであろう。

　この点を考慮してここでは，1）ASD と統合失調症との異同についてと，2）発達障害（ASD）と他の精神障害との合併をめぐる問題について，最近の知見を織り交ぜながら述べてみたい。なお，自閉症をめぐる概念および呼称は，これまで幾度か変遷してきた。しかしいずれの概念においても，その対象とする臨床群に大きな相違はないため，ここではこれらを代表し，現代の呼称である自閉スペクトラム症（ASD）を用いる。ただし，DSM および ICD における PDD の診断基準を基に実施された研究成果を引用する場合には，PDD と記載する。また，今回のテーマの特質を鑑み，主な対象を高機能 ASD，それも思春期以降の事例に絞ることとする。

I ASDと統合失調症との異同
── 発達障害と精神障害との交錯の歴史

1. ASDと統合失調症の歴史

　現在のASD概念の礎を築いたのは，Kanner（1943）とAsperger（1944）である。両者は別個に今日でいうASDの子どもたちを報告し，自身の症例群に対してそれぞれ早期幼児自閉症（early infantile autism），自閉的精神病質（autistischen Psychopathie）という名称を与えた。ここで注目されるのは，両者が用いた「自閉」という名称である。そもそもこれは，Bleuler（1911）のいう「内的生活の比較的あるいは絶対的優位を伴うところの現実離脱」を指し，周知のとおり統合失調症の基本症状の一つとして提唱されたものである（広沢，2016）。すなわちKannerもAspergerも，自身の症例群の類型化にあたって，統合失調症圏の精神病理（ないし人間学的視点）を念頭に置いたのである。今からみれば，成人の精神病理を個の確立以前の子どもに適用することは多少大胆とも思えるが，彼らは自身の症例群を統合失調症圏の障害（最早期発症群）と解釈し，その見解が診断体系の中に取り入れられていったのもまた事実であった（DSM-Ⅱまで）。

　両者がそれぞれ独立したカテゴリーに発展したのは，その後の臨床研究，家族研究，予後調査による疫学的知見の積み重ねによる（Kolvin, 1971a, 1971b, 1971c）。つまり精神病理や人間学的視点というよりも，より客観的な手法で両者は分離され，そしてそれがDSM-Ⅲ以降の診断基準に反映されて，広汎性発達障害（PDD）という診断カテゴリーとして提示されるに至ったのである。ここで特筆すべきことは，PDDが発達障害のカテゴリーに分類され，主に児童精神医学や小児科学の対象となった点であり，以後は統合失調症（精神病性の障害）とは別個の歴史を歩み，その中で鑑別診断法や治療法までもが論じられてきた。

　一方で20世紀末，とりわけWing（1981）による高機能ASDへの言及は，その後の成人の精神医学領域におけるASDへの爆発的な再注目を喚起し，その中でASDと統合失調症との類似性や，両者の鑑別に関する研究がふた

たび注目を集めた。つまり最近では，操作的診断上でも両障害の再接近がみられてきているのである。

2. ASDと統合失調症に関する最近の知見

両障害の最近の知見は，基本的にDSM-Ⅲ以降の診断基準に基づくものであり，一人の人間の全体像をみたものではない点をあらかじめ指摘しておく。

まずASDと統合失調症全般であるが，主に1990年代までは，両者の合併は一般的ではないという報告が少なくなかった（Asperger, 1944；Ghaziuddin et al, 1998）。しかし2000年以降は，操作的診断で抽出された両患者群が，近い関係にあることが繰り返し指摘され始めた。たとえば家族研究において，ASDの両親の統合失調症罹患率が高いこと（Mattila et al, 2010），ASDないし統合失調症のいずれかを持つ者（ないしその家族）は他方を持つ確率も高いこと（Daniels et al, 2008；Mouridsen et al, 2007；Sprong et al, 2008；Stahlberg et al, 2004），また経過研究においては，「非定型自閉症」の子どもの28.1%がその後統合失調症の診断をなされた経験を持つこと（Mouridsen et al, 2008）などが報告されている。

統合失調症の中でも18歳以前発症のearlyonset schizophrenia（EOS），13歳以前のchildhood-onset schizophrenia（COS）では，ASDとのさらなる近縁性が示され，たとえばCOSの大規模調査においてその28%が（Reaven et al, 2008），EOSの44%が子ども時代にPDDの診断基準を満たしていたという（Waris et al, 2012）。

3. ASDと統合失調症の臨床上の類似性をめぐって

以上のような研究データを待つまでもなく，ASDと統合失調症の類似性は，臨床現場では多数報告されてきた。またASD患者の統合失調症への誤診も，近年では問題となってきている（Dossetor, 2007）。たしかにASD事例では，とくに思春期以降になると，その特徴が統合失調症の陰性症状と重なり合ってみえてくる（Waris et al, 2012）。これはとくにASD者の社会関係性の障害，コミュニケーションの障害においていえる（たとえば社会との関係の貧困さ，平坦で押さえつけられた感情および感情表現の障害，身体表

現の乏しさなど）（広沢，2010, 2013b）。

　やはりここで思い出されるのが，ASD のそもそもの類型化が統合失調症圏の精神病理として始まった歴史である。それは操作的診断基準にも当然影響を与えており，発達障害と精神病性障害というまったく別のカテゴリーにありながら，内実は共通性を有しているとしてもなんら不思議ではない。

4．ASD と統合失調症の再検討に向けて——「こころの構造」への注目

　ASD と統合失調症との異同を述べるには，その成因（病因）にまで遡る必要があろう。しかしそれには，まず成人において，いかなる類型を ASD と定義し，統合失調症と定義するのか，発達論的にも症状論的にも人間学的にも，納得がいくような視点を獲得する必要があるように思われる。そのためには従来の診断学のみならず，心理学（精神病理学）を根底から問い直す必要に迫られよう（広沢，2013b）。

　以前に筆者（2010）は，成人の ASD 者が語る自己像をたよりに，彼らが一般者とは異なる自己像（こころの構造）をもつに至ることを考察し「PDD 型自己」と命名した（以下，本稿の記述に合わせ「ASD 型自己」とする）。また同時に，一般者がこれまで築こうとしている標準的な自己像（発達心理学的にも教育学的にも，これぞ成人の「こころの構造」と考えられてきた自己像）を「一般型自己」と命名した（なお，ここでいう「一般型自己」は，多分に近代西欧で要請された自己像を雛形としているため，正確には「近代西欧型自己」と記述されるものである（広沢，2015））。加えて人間が自己像を描く際に用いる構図が，従来注目されてきた一点を中心に放射＋同心円状の広がりでイメージできるものだけでなく，格子状のものもあるのではないかということを，最近の脳科学（脳機能）の知見，実際の患者の認知行動様式，さらには宗教芸術や芸術療法の知見を総合して試論として述べた（広沢，2013b）。

　ごく簡単に述べると，ひとのこころは左脳と右脳の機能から生まれる。経験的に左脳の機能は男性性，右脳は女性性を象徴する。また Baron-Cohen ら（2003, 2004, 2005）の最近の脳科学に倣えば男性性は systemizing という動因（drive），女性性は empathizing という動因と対応，仏教におけるマン

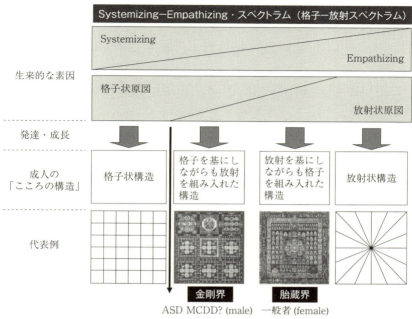

図 2-1 「こころの構造・機能」の発達モデル

ダラ図に目を転じれば，男性性は格子状の金剛界，女性性は放射状の胎蔵界と対応している。つまり人間には一対の「こころの構造−機能」の様態が存在しているのである。

これに発達の視点を加味すると次のようなことがいえそうである。すなわちひとのこころは，機能面でみると，生来 systemizing, empathizing の両動因を持ち，発達とともに両者が統合されて機能するようになる。ただし両動因への親和性は個体によって，おそらく生得的に決まっていて，成人のこころの機能もいずれか一方が優位になって働く。同様に構造面でみれば，ひとは生来格子，放射の両原図を利用する素質を持っており，発達とともに両者が統合されて個々の「こころの構造」が形成される。ただしどちらの原図に親和性があるかは個体によって決まっており，格子に親和性がある者は格子を原図とし，そこに放射の要素を取り入れて「こころの構造」を完成させる（その理想形が金剛界マンダラ図）。反対に放射に親和性がある者は放射

を原図とし，そこに格子の要素を取り入れて構造を完成させる（その理想形が胎蔵界マンダラ図）。

　以上は，一見奇を衒った見解のようにも思えるが，心理学の巨匠，Jung (1950) がやはりマンダラ図に注目し，そこに人間共通の「こころの構造」を見出し，それを心理学に援用したことを考えると頷けるところがある。ただし Jung が注目したのは，胎蔵界マンダラ図の構造のみであり，それをひとのこころの唯一の標準型としたところに，脳機能との間の乖離を生じさせてしまった可能性はある。もっとも Jung が活躍した時代と場所（欧州）を考えれば，その条件下では一定の妥当性を持った考え方と言えよう。実際には図 2-1 に表わしたように，格子 – 放射への生来的な親和性は（systemizing – empathizing スペクトラムに呼応しており），スペクトラム上の位置によって成人に至ったときの「こころの構造」がある程度決まってくるものと推察される（広沢，2013b）。

5. 「ASD 型自己」とは

　それでは，「ASD 型自己」とはいかなる自己なのであろうか。Baron-Cohen らの見解と照合すれば，おそらく極端に格子状構図への親和性を持ち，放射状構図をあまり利用できない一群（脳の機能でいえば，systemizing がきわめて優勢で，empathizing の動因をあまり持っていない一群）が築き上げる自己なのであろう。その自己像はイメージ化すれば格子状であり，高度なものでは現代人が慣れ親しんでいるタッチパネル状になると思われる（広沢，2010）。

　「こころの構造」がタッチパネルでイメージ化されるなら，それはわれわれが依拠してきた心理学の世界（理論）とは，根本的に異なった心理現象が生じると想定される。たとえばこの構造では，こころの中にいくつものウィンドウが存在し，彼らはそのウィンドウの中の対象に引き付けられながら生活している。全体を統合するには，パネラーのような存在が必要となり，それがうまく作用すれば社会適応は進むであろう。しかし構造的に一点を中心にまとまったものではないので，個の感覚（自分固有の感覚）をベースに心理世界が展開しているわけではない。認知にしても，行動にしても，そもそ

もそこに自己固有の意味を見出す動因は存在しにくく，直接的（自動的）な認知と行動がベースを占める。自己固有の感覚が生じにくい以上，他者を固有の他者としてみて，1対1の人間関係を築くようなこころの発展は得られにくいものと思われる（広沢，2013b, 2015）。

6. 改めて成人の ASD と統合失調症との関連は？

　先述のように ASD と統合失調症は，成人の精神病理学（心理学）的，人間学的特徴からみると，「自閉」という側面で共通の類型に入った。一方発達の面でみると，まったく異なる類型に分類された。ここで重要なことは，ASDにしろ統合失調症にしろ，一人の（生物的，心理的，社会的）人間としていかに理解できるのかという視点であった。では，そもそもの「こころの構造」に立ち戻った時，両者はいかに理解できようか？

　成人の ASD の本態は，あくまでも格子状原図をもとに「ASD 型自己」を発達させるところにある。それは発達的なマイノリティ（杉山，2008a）ともいえ，「ASD 型自己」に基づいた認知，行動パターンを持ち，それに基づいた価値観を形成していく。それは「一般型自己」からみれば異質で，またその「こころの機能」は不全をきたしているとみなされかねないが，それはあくまでも「一般型自己」を標準と定めたときに生じる問題である。一方統合失調症の本態とは，一人の人間として見れば「自己の成立不全」を来している病態（広沢，2006；木村，1975）と思われ，生来的なこころの構図は直接問われない。操作的診断基準に記載されている精神病性の特徴は，「自己の成立不全」から二次的に生じた症状（Bleuler, 1911）とも解釈される。

　それでは ASD と統合失調症の類似性はどこからくるのであろうか。ここで統合失調症患者がそもそも持っている「こころの構造」を再考する必要が生じる。この点に関しては，花房ら(1993)による興味深い研究が参考になる。花房らは精神科病院に入院している患者に，芸術療法の一環として絵画療法を導入し，その絵画構造に一定の法則を見出したのである。すなわち破瓜型は格子状構造，妄想型は放射状構造をとっており，しかもこの傾向は経過に左右されない。花房らによれば，「格子状絵画は無機質的印象，科学的冷静さといった破瓜型の生きる姿勢を，放射状絵画は自分を中心に展開する妄想

型の姿勢」を象徴し,これらは彼らの自己の存在様式を反映しているという。

　つまり統合失調症とは,あくまでも放射＋同心円状にイメージ化される「一般型自己」(なかでも極めて高度な統合機能を備えた「近代西欧型自己」(広沢, 2015))の成立を目指そうとしている者に生じる障害であるが,より格子に親和性のある者は,その表現形が破瓜型になり,放射に親和性のある者は妄想型になる可能性が示唆される。このようにみると,ASDとの類似性の議論は,必然的に破瓜型統合失調症が対象となる。破瓜型の場合,その生き方は個と個の双方向性の世界よりも,どちらかというと自身の世界に重きを置き,Bleulerのいう「自閉」が目立つであろう。さらに慢性化によって(「一般型自己」の統合に向けられた)エネルギーポテンシャル(Conrad, 1958)が低下すれば,彼らは生来親和性のある格子状の自己−世界をそのまま生きる傾向を示すであろう(その姿は一般者からは「陰性症状」ととらえられ得る)(広沢, 2013b)。

　なお最近,MCDD(Multiple Complex Developmental Disorder)という概念が存在する。これは12〜18歳の子どもにみられる特徴で,社会的な刺激の感受性の障害,思考障害,奇異でまとまりの欠いた思考,不適切な感情や気分の変動などを持つ。MCDDの者は,この年代以前にはASD(PDD)ほど(PDDの3徴は)目立たないが,分節化された思考や不安,衝動性がみられ,さらに追跡調査では,64％が成人期の早い段階までに統合失調症をはじめとする精神病に罹患するという(Rapoport et al, 2009；Waris et al, 2012)。このようにみるとMCDDは,図2-1のスペクトラム上では,将来「ASD型自己」を発展させる可能性も,破瓜型統合失調症へ至る可能性をももった領域に位置するのかもしれない。

　以上を総合すると,発達障害は破瓜型統合失調症と発達面での類似性を持つが,発達障害のほうが「こころの構造」の形成にあたって放射状構図を利用しにくく,破瓜型のほうが多少とも利用できる可能性を持った一群とみることもできよう(広沢, 2013b)。

II　発達障害と他の精神障害との合併の問題

1．ASDと精神疾患の合併に関する近年の知見

　近年，高機能ASDでは，一般に複数の精神障害の合併がみられるという調査結果が増えてきた。たとえば大規模な一般人口を対象としたASD者の精神障害合併率の調査をみると，それは70%〜74%に達すると報告されている（Mattila et al, 2010 ; Simonoff et al, 2008）。精神疾患別では，すでに触れた統合失調症のほかにも種々のデータが蓄積され始め，たとえばHowlin（2004）は，PDD（とくにアスペルガー障害）者では，とりわけ気分障害を持ちやすいと指摘し，Mouridsenら（2008）によれば「非定型自閉症」の場合は，これが11.2%に達したという。不安障害の発症もまた一般者に比して高く，過去のデータのメタ解析結果では，18歳以下のASD（PDD）者のうち，39.6%が少なくとも一つの不安障害をもつことが明らかにされている（van Steensel et al, 2011）。なかでも高機能ASD（PDD）者ではとくにその発現率が高いという報告もある（Gillot et al, 2001 ; Kim et al, 2000 ; Kuusikko et al, 2008 ; White et al, 2009）。

　しかしこれらの知見もまた，あくまでも操作的診断を用いた研究成果に基づいたものであり，診断学的に見て，種々の精神症状がASDそのものの特徴なのか，他の精神障害の合併に基づくものなのかには，さらなる議論が必要である（Caamano et al, 2013）。筆者の私的な見解では，ASD者はあくまでも「ASD型自己」を持った人たちであり，彼らが示す精神反応も「ASD型自己」を基に論ずるのが妥当と思われる（広沢，2010）。すなわち「一般型自己」をもとに考察され，体系化されてきた診断学や治療学を，ASD者にそのままあてはめても，彼らの臨床への還元は不十分に思えるのである。

2．統合失調症との合併に関する問題

　ASDと統合失調症との合併を，これまでの筆者の見解から眺めると，そもそも両者の合併し得る素因を持つひととは，生来的にASD者としての「こころの構造（ASD型自己）」を築き上げる素質も，「一般型自己」構造の確

立を目指せる素質も持っている人たちである。図2-1でいえば，MCDDで示したあたりの限られたゾーンに位置する一群といえよう。ちなみに従来の成人の精神医学では，この領域の病理に対して単純型統合失調症，ヘボイドフレニー，シゾイドなどの名称が与えられてきた（広沢，2013b）。

　ところで治療において問題となるのは，統合失調症的に見えるASD者であろう。彼らは両者の合併例ともみられ得るが，治療的にはASD者として対応した方がよいと思われる。彼らの特徴はタッチパネル様の自己構造を想起すれば理解しやすい。たとえば彼らにおいて幻覚・妄想は，ありありとして具体的（画像的）である。またそれがいかに激しい精神運動興奮を伴うものであっても，場面が変われば急速に終息し得る（そのウィンドウが閉じられ，別のウィンドウが開かれる）。全体として人格構造は変わらず，エネルギーポテンシャルの低下やいわゆる人格水準の低下も原則として来さない（広沢，2010）。治療の主眼は，一時的な危機回避（抗精神病薬の使用）と，場面の変換（入院の適用など）にあるといえよう。

3. 気分障害との合併に関する問題

　ASDと気分障害の合併に関しては，以前から報告があった（Tantam, 1991 ; Wing, 1981）が，これはいわば「ASD型自己」と「一般型自己」とのズレからくる苦痛を反映した心因反応的な現象（Gillberg & Billsted, 2000 ; Volkmar & Klin, 2000）と解釈され得るものであり，彼らに高率にみられる社会的ひきこもりとも関連したものである（Hurtig et al, 2009 ; Kuusikko et al, 2008）。しかし彼らと接していると，心因にとどまらず生命感情の低下を基盤に持つ内因性のうつ病が存在することも確かである（広沢，2010）。

　ただいずれの「うつ」も，彼らの場合「ASD型自己」の特性が反映され，その意味では一般者の「うつ」とは異なる。すなわち「うつ」自体が自己との関係ではなく，ウィンドウ内の出来事と直接関連して体験されやすい。したがって「抑うつ感」や微小妄想は出現しにくいほか，急激な出現と回復がみられる。治療的には環境の調整（場面の変換）が重要となろう。ただ内因性の場合，うつ感覚は「抑うつ感」を介さずに直接的に身体に響くようでもあり（Ghaziuddin, 2002），激しい苦痛を伴うとともに衝動的な自殺の危険も

少なくない(言語表現が少ない分,周囲からその危険を察知されにくい)(広沢, 2010)。

双極性障害との合併に関しては,まだ情報が少ないのが現状である。ただASD者では,激しい気分の変動がみられやすく,それが双極性障害の操作的診断基準を満たしてしまう可能性もあろう。一方でASDと双極性障害に共通の素因や生物学的基盤を見出す見解(杉山, 2008b),両者の遺伝的関連性をみる見解(Tantam, 2000)も存在している。

4. 不安障害との合併に関する問題

ASD者が不安を呈しやすいことは,臨床上常に経験されることであるし,先述のように操作的診断に基づいた研究でも,その結果は示されている。たしかにDSM-Ⅳ-TRのPDDの診断基準をみると,関連する特徴として,無害のものに対する過剰な恐怖反応などが取り上げられ,ASDにおいて不安は本来的なものであるとみなされている。DSM-5においても、ASDの青年および成人においては,不安を呈しやすいことが記されている。ちなみにASD(PDD)に合併する不安障害(DSM-Ⅳ-TR)の下位分類で最も多いのは特定の恐怖症(29.8%),それに続いて強迫性障害(17.4%),社会恐怖(16.6%),全般性不安障害(15%)の順番であったという報告がある(van Steensel et al, 2011)。

ところで現在不安は,いくつかの側面から捉えられ,その代表が生物学的側面,心理学的側面,現象学的側面なのであろう。精神療法では,とりわけ心理学的側面が注目されるであろうが,その主要な理論が既存の心理学の体系(神経症の理論),すなわち「一般型自己」(とくに近代西欧型自己)を標準と前提したものであることを鑑みると,ASD者への適用には無理が生じる。以前に筆者(2010, 2013b)が指摘したように,彼らの不安は自己との関連で加工されたもの(心理学的な不安)というよりも,より生物学的な「生の体験」に近い。対応にはやはり「PDD型自己」を鑑み,環境調整(場面の転換など)が重要になると思われる。

おわりに

　以上筆者は，ASDと精神疾患との関連を述べてきたが，紙幅の関係でそのすべてを記述できなかった。それでもASD者には，さまざまな精神現象が生じること，しかしそれは従来の（伝統的な心理学の歴史を背負った）精神医学用語では説明しにくいことを述べることはできたと思う。ここで思い浮かばれるのが，ASD者から出発した，いくつかの優れた精神現象の記述である。とくに杉山の「タイムスリップ現象」（杉山，1994）などはその珠玉といえよう。この現象は，「一般型自己」を基準に考えると，PTSD，解離性障害（広沢，2013a），ときには統合失調症における幻覚・妄想（広沢，2010）と解釈されかねないが，ASD者にすればごく日常的な体験様式になるのである。やはり彼らを説明し得るような心理学のさらなる発展が，今後必要とされてくるのであろう。

文　献

Asperger H（1944）Die"Autistischen Psychopathen"im Kindesalter. Arch Psychiatr Nervenkr 117；76-136.（高木隆郎訳（2001）小児期の自閉的精神病質．（高木隆郎，ラター M，ショプラー E，編）自閉症と発達障害研究の進歩 4. 星和書店）

Baron-Cohen S, Richler J, Bisarya D, et al（2003）The Systemizing Quotient（SQ）：An investigation of adults with Asperger syndrome or high functioning autism and normal sex differences. Philos Trans R Soc.

Baron-Cohen S, Wheelwright S（2004）The Empathy quotient：An investigation of adults with Asperger syndrome or high functioning autism, and normal sex differences. J Autism Dev Disord 34；163-175.

Baron-Cohen S, Knickmeyer RC, Belmonte MK（2005）Sex differences in the brain：Implications for explaining autism. Science, 310；819-823.

Bleuler E（1911）Dementia Praecox oder Gruppe der Schizophrenien. Franz Deuticke.（飯田真・下坂幸三・保崎秀夫，他訳（1974）早発性痴呆または精神分裂病群．医学書院）

Caamano M, Boada L, Merchan-Naranjo J, et al（published online：08 March, 2013）Psychopathology in children and adolescents with ASD without mental

retardation. J Autism Dev. Disord.
Conrad K (1958) Die beginnende Schizophrenie : Versuch einer Gestaltanalyse des Wahns. George Thieme.（山口直彦・安克昌・中井久夫訳（1994）分裂病のはじまり―妄想のゲシュタルト分析の試み．岩崎学術出版社）
Daniels JL, Forssen U, Hultman CM, et al (2008) Parental psychiatric disorders associated with autism spectrum disorders in the offspring. Pediatrics 121 ; 1357-1362.
Dossetor DR (2007) 'All that glitters is not gold' : Misdiagnosis of psychosis in pervasive developmental disorders-A case series. Clin Child Psychol Psychiatry 12 ; 537-548.
Ghaziuddin M, Weidmer-Mikhail E, Ghaziuddin N (1998) Comorbidity of Asperger syndrome : A preliminary report. J Intellect Disabil Res 42 ; 279-283.
Ghaziuddin M, Ghaziuddin MN, Greden J (2002) Depression in person with autism : Implications for research and clinical care. J Autism Dev Disord 32 : 299-306.
Gillberg C, Billstedt E (2000) Autism and Asperger syndrome : Coexistence with other clinical disorders. Acta Psychiatr Scacnd 102 ; 321-330.
Gillot A, Furniss F, Walter A (2001) Anxiety in high-functioning children with autism. Autism 5 ; 277-286.
花房香・青木省三・中野善行, 他（1993）たまり場的絵画療法の経験―座標軸を用いての位置づけ．日本芸術療法学会誌 24 ; 102-116.
広沢正孝（2006）統合失調症を理解する―彼らの生きる世界と精神科リハビリテーション．医学書院．
広沢正孝（2010）成人の高機能広汎性発達障害とアスペルガー症候群―社会に生きる彼らの精神行動特性．医学書院．
広沢正孝（2013a）高機能広汎性発達障害（アスペルガー症候群）と解離．（柴山雅俊編）現代における解離臨床．岩崎学術出版社．
広沢正孝（2013b）「こころの構造」からみた精神病理―広汎性発達障害と統合失調症をめぐって．岩崎学術出版社．
広沢正孝（2015）学生相談室からみた「こころの構造」―〈格子型／放射型人間〉と21世紀の精神病理．岩崎学術出版社．
広沢正孝（2016）KannerとAspergerの自閉はBleuler, E.のそれをプロトタイプとしている．精神科治療学 31 ; 763-769.
Howlin P (2004) Psychiatric disturbance in adulthood. In Howlin P (ed) Autism and Asperger syndrome. Preparing for adulthood. 2nd ed, Taylor & Francis group.
Hurtig T, Kuusikko S, Mattila M, et al (2009) Multi-informant reports of psychiatric symptoms among high-functioning adolescents with Asperger

syndrome or autism. Autism 13 ; 583-598.
Jung CG (1950) Gestaltungen des Unbewussten. Rascher.（林道義訳（1991）個性化過程の経験について，マンダラシンボルについて．個性化とマンダラ．みすず書房）
Kanner L (1943) Autistic disturbances of affective contact. Nerv Child 2 ; 217-250.
Kim JA, Szatmari P, Bryson SE, et al (2000) The prevalence of anxiety and mood problems among children with autism and Asperger syndrome. Autism 4 ; 117-132.
木村敏（1975）分裂病の現象学．弘文堂．
Kolvin I (1971a) Studies in the childhood psychoses Ⅰ : Diagnostic criteria and classification. Br J Psychiatry 118 ; 381-384.
Kolvin I, Ounsted C, Humphrey M, et al (1971b) Studies in the childhood psychosis : Ⅱ. The phenomenology of childhood psychoses. Br J Psychiatry 118 ; 385-395.
Kolvin I, Ounsted C, Richardson L, et al (1971c) The family and social background in childhood psychoses. Br J Psychiatry 118 ; 396-402.
Kuusikko S, Pollack-Wurman R, Jussila K, et al (2008) Social anxiety in high-functioning children and adolescents with Autism and Asperger syndrome. J Autism Dev Disord 38 ; 1697-1709.
Mattila ML, Hurtig T, Haapsamo H, et al (2010) Comorbid psychiatric disorders associated with Asperger syndrome/high functioning autism : A community- and clinic-based study. J Autism Dev Disord 40 ; 1080-1093.
Mouridsen SE, Rich B, Isager T, et al (2007) Psychiatric disorders in the parents of individuals with infantile autism : A case-control study. Psychopathology 40 ; 166-171.
Mouridsen SE, Rich B, Isager T (2008) Psychiatric disorders in adults diagnosed as children with atypical autism. A case control study. J Neural Transm 115 ; 135-138.
Rapoport J, Chavez A, Greenstein D, et al. (2009) Autism-spectrum disorders and childhood onset schizophrenia : Clinical and biological contributions to a relationship revisited. J Am Acad Child Adolesc Psychiatry 48 ; 10-18.
Reaven J, Hepburn S, Ross RG (2008) Use of ADOS and ADI-R in children with psychosis : Importance of clinical judgement. Clin Child Psychol Psychiatry 13 ; 81-84.
Simonoff E, Pickles A, Charman T, et al (2008) Psychiatric disorders in children with autism spectrum disorders : Prevalence, comorbidity, and associated factors in a population-derived sample. J Am Acad Child Adolesc Psychiatry 47

; 921-929.

Sprong M, Becker HE, Schothorst PF, et al (2008) Pathways to psychosis : A comparison of the pervasive developmental disorder subtype Multiple Complex Developmental Disorder and the "At Risk Mental State". Schizophr Res Feb 99 ; 38-47.

Stahlberg O, Soderstrom H, Rastam M, et al (2004) Bipolar disorder, schizophrenia, and other psychotic disorders in adults with childhood onset AD/HD and/or autism spectrum disorders. J Neural Transm Jul 111 ; 891-902.

杉山登志郎(1994)自閉症に見られる特異な記憶想起現象─自閉症の time slip 現象. 精神神経学雑誌 96 ; 281-297.

杉山登志郎 (2008a) 高機能広汎性発達障害の精神病理. 精神科治療学 23 ; 183-190.

杉山登志郎 (2008b) 成人期のアスペルガー症候群. 精神医学 50 ; 653-659.

Tantam D (1991) Asperger's syndrome in adulthood. In Firth U (ed) Autism and Asperger Syndrome. Cambridge University Press.(冨田真紀訳(1996)自閉症とアスペルガー症候群. 東京書籍)

Tantam D (2000) Adolescence and adulthood of individuals with Asperger syndrome. In Klin A, Volkmar FR, Sparrow SS (eds) Asperger syndrome, Guilford Press.(山崎晃資監訳(2008)アスペルガー症候群. 明石書店)

Van Steensel FJA, Bogels SM, Perrin S (2011) Anxiety disorders in children and adolescents with autistic spectrum disorders : a meta-analysis. Clin Child Fam Psychol Rev 14 ; 302-317.

Volkmar FR, Klin A (2000) Diagnostic issues in Asperger syndrome. In Klin A, Volkmar FR, Sparrow SS (eds) Asperger syndrome, Guilford Press.(山崎晃資監訳(2008)アスペルガー症候群. 明石書店)

Waris P, Lindberg N, Kettunen K, et al (2012) The relationship between Asperger's syndrome and schizophrenia in adolescence. Eur Child Adolesc Psychiatry.(published online : 13 October)

White SW, Oswald D, Ollendick T, et al (2009) Anxiety in children and adolescents with autism spectrum disorders. Clinical Psychology Review 29 ; 216-229.

Wing L (1981) Asperger's syndrome : A clinical account. Psychol Med 11 ; 115-129.

第3章
発達障害の早期支援

本田秀夫

はじめに

　発達障害は，その特性によって問題が明らかとなる時期が異なる。知的障害を伴う場合や典型的な自閉症の早期発見は，わが国の一部の地域が世界の先陣を切って1歳半健診を起点として推進してきた。たとえば横浜市では，1990年前後に生まれた子どもたちに対する1歳半健診を起点としたスクリーニングで，すでに自閉症に対して感度81％，発達障害に対する特異度100％という，当時としてのみならず20年以上たった現在において国際的にみても驚異的な高精度で早期発見がなされていた（Honda et al, 2005 ; Honda et al, 2009）。

　いま国際的に発達障害の早期発見のためのツールが精力的に開発され，一部は邦訳されて用いられ始めているものの，ツールを用いるだけではわが国の先進的な地域の発見精度には到底及ばない。発達障害の早期支援は，地域の行政が関与したシステム化が肝要であり，そのシステムの中のサブシステムを担う機関とそこで働く専門家が鍵となるのである。システムと専門家の配置がうまくいけば，ツールを少し活用するだけで発達障害の早期発見の精度が飛躍的に改善する可能性がある。

　ただし，システムづくりには，地域ごとの特性に配慮する必要がある。わが国で先進的に早期支援が進められてきた地域の多くは，人口が多く予算の潤沢な政令指定都市や中核市である。今後，より小規模の自治体でもシステムづくりを進めていくためには，地域の特性に応じたモデルを想定しておく必要がある。本章では，まず早期支援の考え方を整理し，次いで早期支援の

ための地域システムづくりの考え方について述べる。

I　早期支援の対象

　近年の発達障害に対する認識の高まりによって，早期支援の問題の焦点は，ごく薄く発達障害の特性を有するものの，それが生涯にわたって社会適応の障害を呈して支援を要する状態となるのかどうかの判断が難しいケースへと移ってきている。自閉症スペクトラムやADHDなどは，「障害」と「非障害」との境界が生物学的あるいは症候学的には決めにくい。もちろん症状が強いケースでは明らかに社会不適応となることが多いのだが，症状が薄いケースでも深刻な社会不適応を呈することがある。

　ごく薄くでも発達障害の特性を示す群をすべて合わせて「発達特性群」，そのうち典型的な発達障害の症状を示し，それが主要因で社会不適応を呈する群を「狭義の発達障害群」，発達特性を有し，さらに他の精神症状や精神障害が併存する群を「併存群」とすると，成人期に障害対応が必要となるのは「狭義の発達障害群」と「併存群」の和集合である。これを「広義の発達障害群」とする（本田，2012a）。この広義の発達障害群を発達特性群全体から除いた群は，発達特性がありながらも社会適応している人たちである。実際の社会の中に，そのような人は実に沢山存在している。発達の「障害」というよりも，発達のしかたが一般の人とわずかに異なる，「発達マイノリティ」とでもいうべき人たちである。しかし，そのような人の中には，周囲の人と自分との違いに悩む，誤解されて孤立するなどの問題が生じることがあり，その結果として抑うつや不安などの精神症状の出現，いじめ被害，不登校，ひきこもりといった二次的な問題を呈することがある。実際に臨床事例として専門家の前に現れたときにはきわめて対応が難しくなっていることが少なくない。発達特性とは，ごく薄くでも存在すると，一度二次的な問題を起こすときわめて深刻な不適応を呈するリスクである。

　発達特性を有する子どもたちすべてに「障害」の刻印を押す必要はない。もちろん，狭義の発達障害群ではいずれ障害者手帳取得などの障害対応が必要となるが，それ以外の群は，成人期に発達特性は残ったとしても社会適応

できる状態にまで支援することが目標となる。早い時期から発達の特性に応じた育て方、接し方を親や周囲の人たちが知っておくことによって、二次的な問題を予防し、もし二次的な問題が生じかけたときに迅速に対応できる準備をしておくことが重要である。したがって、たとえごく薄くでも乳幼児期に何らかの発達特性が見られる場合には、発達特性に即した早期支援を開始する方がよい。ただしこのようなケースでは、個々の特性を親が十分に理解してその特性に沿った育児を行うことが重要であるが、障害として医師の診断を受けることは必ずしも必要ではないかもしれない（本田、2012a）。

II　早期発見

　発達障害では、特有の行動特徴が検出可能となるまでにある一定の年月を要することが一般的である。発達障害は出生時から何らかの生物学的異常があると想定されているものの、特異的な生物学的マーカーを用いた早期発見は現在のところ不可能である。そこで、誰の目にも症状が明らかとなってしまうよりも前に、ごく軽微な段階の症状を行動マーカーとして早期発見を試みる、という手法をとらざるを得ない。ところがこの手法において1時点だけで行動マーカーの観測をして障害形成の有無を予測すると、偽陰性と偽陽性とのどちらかを生じるという欠点を避けがたい。診断の「早さ」と「正確さ」との間には、二律背反の関係が存在する。すなわち、早く診断すると正確さを欠きやすくなり、正確に診断することを重視すると時期が遅くなる（清水・本田、2012）。

　診断確定の時期は、発達障害の種類によっても異なる。たとえば運動、言語、社会性など、どのような領域の発達に異常がみられるのかによって、定型的な発達との差異が明確になりやすい時期がある。したがって、ある程度の高い精度で早期発見が可能となる時期も、障害によって異なる（清水・本田、2012）。発達特性が重度であればあるほど低年齢のうちに社会不適応が出現しやすい。たとえば重度の知的障害は運動機能の発達の遅れで乳児期後半には異常に気づかれるし、中度〜軽度の知的障害は、言葉の発達の遅れを指標にすれば1歳半健診で把握できる。自閉症も、知的障害を伴う典型例であれ

ば1歳半健診で十分に把握可能である。一方，発達特性が軽度であればあるほど顕在化が総じて遅くなる。知的障害のない発達障害（高機能自閉症，アスペルガー症候群，ADHD，学習障害など）は，主として学童期に集団生活や学業において問題が発現しやすい。ということは，この群にとっての「早期」とは幼児期後半ということになり（本田，2013a），3歳児健診および幼稚園・保育園の集団生活の中での発見が重要となってくる。

1. 抽出・絞り込み法

　1歳半健診を起点に位置づける場合，そこでの把握もれに対するフェイル・セーフとして3歳児健診を位置づけるとよい。1回限りの健診の場だけで精度高くスクリーニングすることは困難である。そこで，最初の健診の段階では発達障害を含めなんらかの支援ニーズがありそうなケースをすべて抽出し，家庭訪問や電話相談，親子で参加する遊びの教室，臨床心理士による個別の相談などのさまざまな育児支援活動を通して絞り込んでいくというプロセスをとる。このプロセスを筆者らは「抽出・絞り込み法」と名づけた（Honda et al, 2009；清水・本田，2012）。育児に関するさまざまな相談を継続的に行っていくための発端である乳幼児健診を抽出段階，続くフォローアップ活動を絞り込み段階とする。「育児支援」という枠組みを明確にもつことにより，親の精神保健への配慮が可能となり，高い倫理性と精度をもって発達障害の早期発見を行うことができる。フォローアップを行う際には，細く長く，常に診断の場への紹介を念頭に置きながら行うことが重要である（本田，2012b）。

2. 健診の手順

　健診では，支援が少しでも必要そうなケースを広く抽出するのがよい。したがって，健診の質問紙は，特定の領域に限定せずある程度広い領域を網羅している必要がある。具体的には，運動発達（粗大，微細とも），言語発達，対人行動（親に対して，同世代の子どもに対して），日常生活スキル，興味（遊び）である。わが国のどこの地域でも用いられている親向けの質問紙は，少し使い方を工夫すれば発達障害の早期発見のための最良のツールになる（本

田,2012b)。

 2000年代に入り,諸外国で発達障害の早期発見を目的としたツールの開発がさかんに行われている。なかでもわが国で有名なのは,CHAT（Baron-Cohen et al, 1992）と,その修正版である M-CHAT（Robins et al, 2001）であろう。後者は神尾らによる邦訳版（http://www.ncnp.go.jp/nimh/jidou/aboutus/mchat-j.pdf）が行政を中心に普及し始めている。しかし,これらはあくまで自閉症に特化したツールであるので,乳幼児健診で用いる際には単独で用いるべきではない。筆者の私見では,M-CHAT は 1 歳半健診の場の補助ツールとして用いるか,1 歳半健診で把握された人の 2 歳頃のフォローアップ時に評価を絞り込むために用いるのが,最も合理的であると思われる。

 多くの市町村では,親が記入した質問紙を見ながら保健師が問診で確認をしている。できれば,質問紙と問診の結果を統合し,不通過の項目数によってその健診で通過とするか把握とするかの判断基準を作り,その基準に沿って健診を実施しておくのが望ましい。問診の前後には,短時間でよいので子どもを直接観察する。呼びかけたときの保健師への反応と親への反応,いくつかの玩具などを呈示したときの興味の示し方と集中のし方などを見ることによって,発達の遅れや偏りの有無を大まかに把握する。経験を積んだ保健師にとっては,質問紙や問診よりもこの直接の行動観察こそが発達障害の早期発見の主要行程である。ここでもある程度の構造化されたプロセスを作っておくとよい。1 歳半健診では,たとえば 6 つの絵が描かれた紙を見せて,「○○はどれ？」と子どもに訊ね,子どもが該当する絵を指さすかどうかを見る（以下,「絵カード検査」）。絵カード検査は,6 つの絵を訊ねて 2 つ以上正解の場合を通過とすると,1 歳半健診での通過率は 60％程度しかない。しかし,絵カード検査を行うときの子どもの反応を見ることによって,対人行動の特徴の評価にきわめて重要な情報が得られる。また,質問紙と問診で発達の遅れや偏りが疑われるけれども判断に迷う,いわゆるグレーゾーンの子どもの場合,絵カードが通過していればその健診を「通過」と判断するというやり方で絞り込みに用いることができる（清水・本田,2012）。

III　早期支援の基本的な考え方

1．最重要課題は二次的な問題の予防
　早期支援で最も重要なのは，発達特性を消去することが現在の技術ではきわめて難しいという見通しを，親をはじめとする周囲の人たちが早くから知っておくことである（本田，2013b）。巷間で行われている『治療法』の中には，この最も重要な見通しを明確に伝えないままで，目の前の問題の改善を試みるものがある。細かい目の前の問題が少しずつ改善するため，親や周囲の人たちが発達障害の完治を期待すると，それが徐々に焦りを生み，子どもに無理な課題を設定しがちとなる。期待が裏切られ始めることに伴い，徐々に子どもに対して否定的な感情が生まれてくる親もいる。子ども自身も，このような状況が続くと自己評価を下げてしまう。これはまさに，二次的問題の出現に直結する。
　こうした『治療法』で行われている技法のすべてがいけないわけではないが，問題は，子どもの将来について，親にどのような見通しを与えるかである。
　発達特性が強く残る場合と，他の問題を併存する場合は，いずれ福祉的支援が必要となる。これらの人たちは，どうしても一定の割合で存在する。しかし，発達障害の症状が消失しないことを全否定してはいけない。特徴が残っても社会生活の中でうまく活用できる部分もあること，症状が残ることよりも二次的な問題の発生を予防することの方が重要であることを，しっかりと伝える必要がある。

2．自律スキルとソーシャル・スキル
　発達障害の人たちが成人後に社会参加するときの鍵となるのは，『自律スキル』と『ソーシャル・スキル』である（本田，2013b）。発達特性や知的障害の程度によって，個々の人がこれらをどの程度身につけられるかには個人差がある。しかし，それぞれの人が可能な限りの『自律スキル』と『ソーシャル・スキル』を身につけることは，二次的な問題の発生予防にも直結する。これらのスキルこそが，一刻も早い時期から教え始める価値のあること

である。

　『自律スキル』と『ソーシャル・スキル』を両立させながら身につけさせていくために必要なことは，『合意』の習慣である。合意とは，誰かの提案に他者が同意することである。提案するためには自律的判断が必要である。一方，他者の提案に対して同意することは，その提案が自分にとって納得できるものであるかどうかの判断と，他者と自分の意見の照合が要求される。つまり，合意が成立するためには，自律スキルとソーシャル・スキルの両方が必要である。できるだけ早い時期から，合意によって行動することを決定する習慣を身につけていくことが重要である。

　合意を教える最初のステップが，構造化の手法である。まだ他者とのコミュニケーションが難しい時期の子どもに対して構造化の手法を用いる際の最も重要なポイントは，「先に大人から情報を呈示すること」である。大人から呈示するときのポイントは，特に構造化の手法を練習するはじめの時期には，「今このタイミングでこの内容を呈示したら，子どもがやる気になる」と予測できるものを中心に据えて呈示するということである。もし子どもが嫌がったら，それ以上は無理しない。合意が目的であるから，呈示して子どもがやる気になったらやる。やる気にならなかったらやめておく。

　子どもの側からみると，「この人の呈示する情報はやる気になれることが多い」ということは案外よく覚えている。そこに，独特の信頼関係が徐々に形成される。小さい時期から，自分にとって有意義な活動を提案してくれる支援者がたくさんいる状況で育っている人の方が，人に対する信頼関係ができやすいし，達成感を持ちやすい。

　自律スキルについては，年齢が上がるとともに，自分で物事を構造化することを少しずつ練習していく。個々の理解力やコミュニケーションの力に応じて，自分のやることの計画を立て，予定表を作るなどの視覚化を練習していく。ただし，本人の能力や興味を超えて複雑なことをさせようとすると，意欲が低下してしまう。ちょっとひと工夫するだけで，それまで一人でできなかったことができるようになる，という体験を少しずつ増やしていけるのが理想的である。

　ソーシャル・スキルでは，いわゆる『ホウレンソウ（報告・連絡・相談）』

を少しずつ教えていく。自分の行動を他人に把握しておいてもらうという習慣を身につけておくことは，重要である。つまり，「一人でできる」ことだけが目標ではなく，「人に報告ができる」，何かあった時に「人に相談ができる」ということが大事なのである。そういう習慣が身につくためには，「何かを人と一緒にやって，良い結果に終った」という体験をする必要がある。ここでも，構造化の手法が役に立つ。幼児期は，何かをするときに，段取りを視覚的に提示する際，最初か最後に必ず特定の人に報告するという手順を含めて示す。連絡も，伝えたい情報を伝えるべき相手を視覚的に明示するとよい。

　逆に，通常は子育てに欠かせないと思われていることの中にも苦手の特訓につながることがあるので，注意が必要である。たとえば，「無理に挨拶をさせること」「言葉かけをたくさんすること」などがそれに当たる。

Ⅳ　親 支 援

　早期支援で最も重要なのは，親支援である。親が子どもの発達特性を理解し，二次的問題の発生予防の視点とそのためにやるべきこと，やってはならないことを整理し実践できるよう，教育的側面と親自身の精神保健の側面の両面から支援していく（清水・本田，2012）。

　早期発見の精度が高くなると，乳幼児期の親支援における最大のテーマは，「子どもの発達に問題があることを家族に対して誰が，いつ，どのように伝えるべきか」となる（本田，2013c）。親がわが子の発達の問題に気づくのは，知的障害を伴う自閉症で1歳半頃（Ornitz et al, 1977），アスペルガー症候群で2歳半頃であるとの報告がある（Howlin & Asgharian, 1999）。これらの報告では，子どもが発達障害の診断を確定される時期がそれよりも2～4年遅く，そのために親が不安な期間を過ごすことになると指摘する。ところが，いざ1歳半健診で子どもの発達の問題に専門家が気づいた時，すぐその場で親に伝えることもまた，きわめて難しい。保育士や幼稚園教諭が子どもの発達の問題に気づいた場合もまた同様である。保健師，保育士，幼稚園教諭などが子どもの問題に気づいても，親が同様に子どもの問題に気づいているのかどうかはわからない。仮に気づいているとしても，親はその問題を将

来にわたって続き，成人後も固定する発達障害であるとまで捉えてはいない。この時期の親は，「子どもの発達の問題に気づいて心配である」状態と「今見えている問題は一過性であり，いずれ消失すると思いたい」状態との間で，アンビバレントな心理状態に置かれることになる。

　子どもの発達の問題を親に伝える際には，子どもの発達に得意な領域と苦手な領域があることを具体的に示すこと，および，その特性が生涯続く可能性が高いことを確実に伝えることが重要である。その上で，苦手な領域の訓練に比重をかけ過ぎることが二次的な問題のリスクを高めること，得意な領域を伸ばすことによって本人の自己肯定感を高めることこそが最も必要な支援であることを伝えなければならない。子どもの発達の問題について伝えたときに，すべての親が一様な捉え方をするわけではない。子どもの発達の問題を親に伝えるにあたっては，事前に親のパーソナリティや家族内力動について評価を行う必要がある。

　医師による診断の告知もまったく同様である。乳幼児期では，発達特性があることまではわかっても，成人期に障害者手帳が必要な状態になるのかまでは予測ができない場合が多い。しかし，発達特性がどんなに薄くても見られる場合，発達特性が将来なくなると安易に太鼓判を押すことは厳に戒めるべきである。診断名を伝えるかどうかは保留せざるを得なくても，その子どもが示す発達特性をきちんと解説し，そのような特性は将来にわたって程度の差はあっても残る可能性があることを伝えるべきである。その際，発達特性を解消することを目標にするのではなく，二次的な問題が将来併存することを予防することが目標であることを明確に伝える必要がある。親は，現象面ではわが子の特徴に気づいている場合が多い。その特徴が将来障害として固定するかどうかは医師の説明を聞いてもピンとこないかもしれないが，そうした特徴をもつ子どもが社会集団で疎外されるのではないかという漠然とした不安を持っていることは多い。そうした不安に共感し，早期から支援することで予防が十分可能であると伝えることは，親にとっても将来の展望の一部が示されることになる。

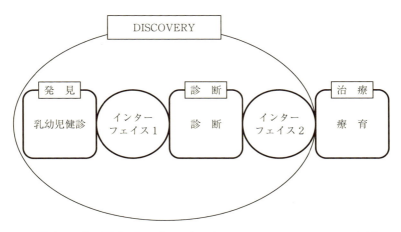

図 3-1 "DISCOVERY" モデル（Honde & Ahimizu, 2002 を改変）

V　早期支援の場とシステム

　知的障害のあるケースから高機能例までの多彩なニーズに対応した早期介入を行うためには，多軸ケア・モデルによる支援が必要である（本田, 2013c）。横浜市で発達障害のシステムづくりを行ってきた筆者らは，発達障害の人たちへの早期発見から早期支援につなぐコミュニティケアのシステム・モデルを考案し，「DISCOVERY」という呼称をつけた（図3-1；本田, 2009）。一貫した支援を保障するために,「発見」と「診断」との間,および「診断」と「療育」との間にインターフェイスを設置し，連携の円滑化，緊密化を固有の役割とする。幼児期では，診断と評価が未確定である，療育への親の動機づけが難しい，などの理由で，診断から療育へのスムーズな移行が困難であることがしばしばある。そこで，早期介入を2つのステップに分け，診断・評価の精緻化と親への動機づけを目的とした短期間の療育の場を「オリエンテーション・プログラム」として初診の後に設置している（Honda & Shimizu, 2002；清水・本田, 2012）。子ども向けの早期療育のほかに保護者支援に重点を置いたプログラム，幼稚園や保育所のインクルージョンをメイ

ンとする子どもたちと，その場となる園を対象としたインクルージョン強化支援プログラムを開発し，これをインクルージョンの場との共時的インターフェイスとして位置づけている。

　多くの政令指定都市や中核市では，知的障害児通園施設を内包する総合通園センターを設置している。法定の福祉施設である「児童発達センター」（以前の「知的障害児通園施設」）を拠点とした早期療育を行うとともに，診療や地域連携を行っているところが多い。このような施設があれば，専門家をそこに集約させて発達障害の特性に特化した専門的な早期療育を保障することができる。このようなやり方をとる場合の課題としては，福祉施設が基盤であることから定員が設けられているため，多くの都市で療育サービスを受けられない子どもたちが出ていることである。施設サービスを中心としたシステムの場合，定員オーバーした子どもたちへの対策が逆にきわめて手薄になってしまう恐れがある。また，診療所機能をもつと，逆にすべてのケースに対して診断がなされることを前提とした，いわゆる「医療モデル」の支援システムに偏るため，発達特性があっても診断の必要まではないケースが支援の対象からはずれてしまう。

　総合通園センターのような本格的な専門施設を作ることが難しい小規模自治体の場合，中度～重度の知的障害の子どもたちを受け入れる単独の児童発達センターくらいしか専門施設がない。そこで，知的障害のない発達障害のケースに対しては，市町村の保健師と地域の医療機関が連携しながら発見と診断を行い，地域の幼稚園・保育園でインクルージョンしていくしか方法がない。そこで，地域の幼稚園・保育園がインクルージョンを強化できるよう支援していくためのプログラムが必要となる。また，各市町村のそれぞれに高度な専門性のある機関を設置することは困難であるため，県（圏域）の基幹となるセンターを設置するなどの工夫が必要となる。たとえば，発達障害者支援センターと医療機関などをうまく結びつけて，複数の市町村からなる担当地域を設定して対応するなどの方法が，各都道府県で工夫され始めている。

　発達障害の早期支援の対象を必ずしも医療が必要ではないケースにまで広げるとすると，医療モデルのみで対応することは合理的でない。そこで筆者

は，以下のような3階層モデルによる支援システムづくりを提唱している（本田，2013c）。地域精神保健をシステムの観点から捉えると，平常時の「日常生活」サブシステムと疾患／障害が存在するときに必要な「精神科医療」サブシステムが想定される。しかし，精神科医療機関は一般の人々にとって敷居が高い。一方，どんな人でも日常生活の中で多少なりとも悩みや心配事を抱えるものであるが，それらのすべてが専門的な精神科医療を要するわけでもない。身近な人にちょっと相談するだけで気持ちが整理され，悩みや心配事が軽減することの方がむしろ多い。問題は，そうした日常生活の中での相談で解決し，心の健康を保つことができるのか，それとも専門的な精神科医療を要する事態なのか，その判断が難しいことである。

　この問題を解決するために，「日常生活」と「精神科医療」の両サブシステムをつなぐインターフェイスを設定する。つまり，地域精神保健の機能を「日常生活水準の支援」（以下，「レベルⅠ」とする），「専門性の高い心理・社会・教育的支援」（「レベルⅡ」），「精神医学的支援」（「レベルⅢ」）の3つのレベルからなる階層モデルとして構築するのである（図3-2）。インターフェイスにあたるレベルⅡの支援は，日常の悩みや心配事の相談の延長でありながら，専門的精神科医療の要否を判断してタイムリーに医療につなげることに，その存在価値がある。これがうまく機能することで，発病の予防，疾患の進行や再発の防止，あるいは他の要因の重畳による複雑化の予防を図ることができる。

　この考え方は，発達障害の支援にも有用である。発達障害の場合，レベルⅠの支援を担うのは，乳幼児期は市町村の母子保健や幼児教育（保育）であり，レベルⅢの支援を担うのは，児童精神科の医療機関である。専門的支援に関する現場の主役は多くの場合，レベルⅡの支援である。これを担うべき機関やスタッフを特定したシステムづくりが必要である。

　DISCOVERYモデルに3階層モデルの考え方を導入して修正したモデルを図3-3に示す。市町村の母子保健事業は，従来から行っている乳幼児健診はレベルⅠだが，発達障害が疑われた子どものフォローアップや評価・診断へのつなぎ（共時的インターフェイス），さらには幼稚園・保育園との継時的インターフェイスの機能も求められる。これらはレベルⅡの機能になる。

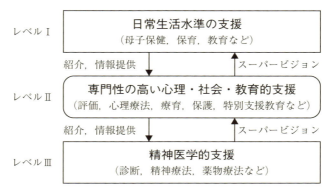

図 3-2　地域精神保健の 3 階層モデル

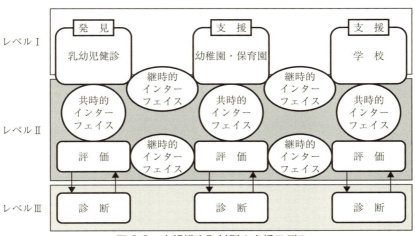

図 3-3　小規模市町村型の支援モデル

　発達障害者支援センターなど，発達障害に対する専門性の高い相談機関は，レベルⅡである。山梨県では，発達障害者支援センター機能と診療所機能を合わせた総合センターとして「県立こころの発達総合支援センター」を設置している。これは，レベルⅡとレベルⅢの支援を 1 カ所で行える新しいタイプの支援センターとして注目される（本田，2014）。

おわりに

　発達障害の早期支援は，その重要性が強調されている割には行政的な施策の中での比重が高くない。幼児期はほんの数年に過ぎないため，発達障害の人たちの大半にとっては過去の話になってしまうからであろう。しかし，当事者の長い人生，そして親たちにとっては育児という責任を伴う仕事の最初のボタンをかけ違えたときの代償の大きさを考えると，このわずか数年間の子どもの成長と親の育児をしっかり支援することは，何にも増して重要であることを痛感する。今後，わが国の各自治体が，規模の大小を問わず，本格的に早期支援の地域システム整備に乗り出すことが切に望まれる。

文　　献

Baron-Cohen S, et al（1992）Can autism be detected at 18 months? The needle, the haystack, and the CHAT. British Journal of Psychiatry 161; 839-843.

Honda H, Shimizu Y（2002）Early intervention system for preschool children with autism in the community : The DISCOVERY approach in Yokohama, Japan. Autism 6 ; 239-257.

Honda H, Shimizu Y & Imai M, et al（2005）Cumulative incidence of childhood autism : A total population study of better accuracy and precision. Developmental Medicine and Child Neurology 47 ; 10-18.

Honda H, Shimizu Y & Nitto Y, et al（2009）Extraction and Refinement Strategy for detection of autism in 18-month-olds : A guarantee of higher sensitivity and specificity in the process of mass screening. Journal of Child Psychology and Psychiatry 50 ; 972-981.

本田秀夫（2009）広汎性発達障害の早期介入―コミュニティケアの汎用システム・モデル．精神科治療学 24 ; 1203-1210.

本田秀夫（2012a）発達障害の早期発見・早期療育システム－地域によらない基本原理と地域特異性への配慮．そだちの科学 18 ; 2-8.

本田秀夫（2012b）発達障害の早期発見―保健師に求められること．保健師ジャーナル 68（11）; 962-967.

本田秀夫（2013a）発達障害の子どもを早期発見・早期支援することの意義．精神科治療学 28（11）; 1457-1460.

本田秀夫（2013b）自閉症スペクトラム―10 人に 1 人が抱える「生きづらさ」の正

体.ソフトバンククリエイティブ.
本田秀夫（2013c）子どもから大人への発達精神医学―自閉症スペクトラム・ADHD・知的障害の基礎と実践.金剛出版.
本田秀夫（2014）山梨県立こころの発達総合支援センター.子育て支援と心理臨床 Vol. 8 ; 117-121,福村出版.
Howlin P, Asgharian A（1999）The diagnosis of autism and Asperger syndrome : Findings from a survey of 770 families. Dev Med Child Neurol 41 : 834-839.
Ornitz EM, Guthrie D & Farley AH（1977）: The early development of autistic children. J Autism Child Schizophr 7 ; 207-229.
Robins DL, et al（2001）The Modified Checklist for Autism in Toddlers : An initial study investigating the early detection of autism and pervasive developmental disorders. Journal of Autism and Developmental Disorders 31 ; 131-144.
清水康夫・本田秀夫編著（2012）幼児期の理解と支援―早期発見と早期からの支援のために.金子書房.

第4章
発達障害のアセスメント

神尾陽子

はじめに

　発達障害は自閉症スペクトラム障害（autism spectrum disorders : ASD），注意欠陥・多動性障害（attention-deficit hyperactivity syndrome : ADHD），学習障害などを総称する。いずれも，脳の発達の初期段階から始まり，その症状は小児期から成人期まで知覚，運動，認知，情動，注意など広範囲にわたって持続し，対人関係，学習，就業，家族関係などの生活全般にわたって深刻な影響をもたらす。近年の報告では，ASDは2～3%，ADHDは数%，学習障害は数%と，従来考えられていたよりも高い有病率が報告され，その大半が知的障害を持たないことが明らかになってきた。本邦でも，2002年に文部科学省が実施した，「全国小・中学校通常学級に在籍する児童生徒を対象とする全国実態調査」（http://www.mext.go.jp/b_menu/shingi/chousa/shotou/018/toushin/030301i.htm）によると，知的発達に遅れはないものの学習面や行動面で著しい困難を持つと担任教師が回答した児童生徒の割合（ASD，ADHD，そして学習障害のある児童生徒の推定頻度とみなされている）は6.3%と報告され，2012年に行われた2回目の調査（http://www.mext.go.jp/a_menu/shotou/tokubetu/material/_icsFiles/afieldfile/2012/12/10/1328729_01.pdf）でも6.5%とほぼ同値が確認されている。さらに発達障害の可能性がある児童生徒の約半数は教育現場でなんら支援を受けていない現状も明らかになった。
　今日では，発達障害のある子どもとその家族が早期からニーズに見合った支援を受け，生涯にわたって必要な支援が受けられる地域支援体制づくりが

急務と考えられている。従来,発達障害＝知的障害と考えられていたために,知的な遅れがないケースは乳幼児健診でその問題に気づかれることなく通過し,また健診や幼稚園・保育所で気づかれた場合も乳幼児期の発達障害の診断が可能な専門機関や人材が乏しいために長期間待機することとなり,個々のニーズの把握にもとづいた適切な支援につなげるのにバリアが大きい（遠藤・他,2012）。ASDの場合,日本では初めて親が気づいてから診断を受けるまで7年以上もの長時間を要し,未支援期間が長くなると成人期の社会参加やQOL（quality of life）に悪い影響を及ぼすことがわかっている（Kamio et al, 2013a）。

　本章は,発達障害の人々の一人ひとりに最適な治療の前提となる,アセスメントがテーマである。近年,発達障害のアセスメント・ツールは多数開発され,それらを用いたエビデンスも蓄積されてきた。筆者は複数のアセスメント・ツールの標準化や長期追跡に基づく妥当性検証にかかわる経験を持つ。同時に,アセスメントについての誤解,特に専門家の中での誤解と誤用を懸念している。そこで,本章は,発達障害のアセスメントとは何か,という根本的な問題に立ち返って,カテゴリー分類と連続的評価の異なる2種類のアセスメントをめぐる最近の世界の動向について述べ,望ましい発達障害のアセスメントのあり方について概説する。

I　発達障害のカテゴリー分類

　これまで発達障害は,伝統的な精神医学的診断分類に倣ってカテゴリー診断されるのが一般的であった。つまり,A君はASDであって,ADHDではない,あるいは以前はADHDだったが,今はアスペルガー障害である,という判断を行うのである。または学校でASDが疑われて受診を勧められたが,診察医はA君を診察して,発達障害ではない,個性の範囲だという,などといった事態も発生していた。これは,医師が「正しく」診断基準通りに診断した場合にも起こり得た。それは,国際的に用いられている米国精神医学協会が作成するDSM-ⅣやWHOが作成するICD10といった診断基準が,そのように規定しているためであった。これらの伝統的なカテゴリー分類は,

行動特徴を共有する臨床単位はその原因もまた同一であろう，という仮説的な前提のもとに作られているが，これまで蓄積してきた膨大な臨床的エビデンスがある。発達障害に関するカテゴリー分類は，年齢に依存しない診断基準が考案されていることで，幼児から成人まで同一の基準を適用することができ，研究の発展に大きく貢献してきた。そして医師はこの体系に従って訓練されているので，診断的症状セットに合致するかどうか，つまり罹患の有無および罹患疾患の鑑別を重視する傾向が強いのは驚くことではない。しかしながら，ASD の下位診断に関して，ショッキングな調査報告がある。全米の主要な ASD 専門機関で，同一の症例を自閉性障害，アスペルガー障害，特定不能の広汎性発達障害などの下位カテゴリーのいずれかとする臨床診断（best-estimate clinical diagnosis）を調べたところ，ある機関は全症例を自閉性障害と診断し，別の機関では約半数の症例を自閉性障害以外と診断するなど，多施設間での著明な診断不一致が明らかになった（Lord et al, 2012）。

このことも，DSM-5 の改訂の際に広汎性発達障害（pervasive developmental disorder：PDD）という名称とその下位診断カテゴリーが排され，その代わりにそれらを一括りにした ASD という臨床単位に変更される根拠の一つとなった。また ADHD についても，不注意が優勢か，多動性・衝動性が優勢かによって分けられていた下位分類は，DSM-5 では排除されることとなった。発達障害に関して，カテゴリー分類によるデメリットが認識されるのに伴い，それに代わって次に述べるような連続的評価のメリットが注目されるようになった（Angold & Costello, 2009）。

II 発達障害の連続的評価

1. 自閉症スペクトラム

発達障害のなかでも，とりわけ自閉症に関しては，約 40 年前に遡る 1980 年代後半に，英国の児童精神科医 Lorna Wing（1988）がすでにそのもととなるアイデアを提案していた。Wing は，ロンドンでの疫学研究の結果（Wing & Gould, 1979）に基づいて，古典的な自閉症，アスペルガー症候群，そしてそれらの診断基準には当てはまらないが質的にほぼ同様の症状群を有す

る群(特定不能の広汎性発達障害(PDDNOS)あるいは非定型自閉症に相当する)は,「自閉症連続体(autistic continuum)」の上を症状程度に応じて重度から軽度まで移行する,と述べていた。ほぼ同時期の1987年には,PDDカテゴリーがDSM-Ⅲ-Rに初めて導入された。この時の変更点は,発症年齢のかわりに症状の数と程度によってPDDを自閉性障害とPDD-NOSとに下位分類したことであった。この症状程度に応じた分類もすでに連続的評価の導入とみなすこともできる。

　連続的評価がはっきりと導入されたのは,2013年に改訂された第5版のDSM-5からである。ASDの下位診断に代わって症状の重症度レベルに応じて,レベル1からレベル3までの3段階で連続的評価(dimensional assessment)するように変更された。その結果,ASDカテゴリーは,カテゴリー分類と連続的評価の折衷というスタイルとなり,他のカテゴリーとの違いが際立つようになった。この背景には,ASD診断の黄金基準として確立,普及している,親面接用の自閉症診断面接改訂版(The Autism Diagnostic Interview-Revised : ADI-R)(Le Couteur et al, 2003)と本人行動観察用の自閉症診断観察検査(The Autism Diagnostic Observation Schedule : ADOS)(Lord et al, 2002)が影響していると考えられる。これらは自閉症やASDの診断のためのカットオフが示されているだけでなく,各領域の得点は症状程度を反映するものとして扱える。したがって,カットオフを使えばカテゴリー分類ができ,同時に,得点からは症状程度についての連続的評価ができるのである。前項で述べた米国の多施設間でのASD診断の一致を調べた研究(Lord et al, 2012)では,カテゴリー分類は一致しなかったのと対照的に,ADI-RやADOSなどの妥当性が担保された得点の分布は多施設間で近似していた。カテゴリカル,連続的,という2つの異なる方法を組み合わせて診断するという方法(Helzer et al, 2006)は,DSM-5で登場した目新しいものに感じる読者もおられるかもしれない。だが,標準化された精神医学的構造面接で収集した臨床情報には,症状程度や発症からの持続期間など定量的な情報が豊富に含まれており,用い方次第で連続的評価となりうるので,意外に身近なものでもある(Angold & Costello, 2009)。

第4章 発達障害のアセスメント

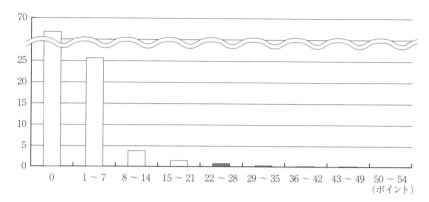

図 4-1 「対人関係やこだわり等」における児童生徒全体の分布状況：通常の学級に在籍する発達障害の可能性のある特別な教育的支援を必要とする児童生徒に関する調査結果について。文部科学省初等中等教育局特別支援教育課（平成24年12月5日）より。

http://www.mext.go.jp/a_menu/shotou/tokubetu/material/__icsFiles/afieldfile/2012/12/10/1328729_01.pdf

2. 症状の集団内における連続的分布

次に，ASD に関する連続的評価を用いた調査や研究を紹介し，どのような点が有用なのかを見ていこう。2002年，2012年の2回にわたって文部科学省が実施した全国小・中学校通常学級に在籍する児童生徒を対象とする全国調査では，ASD，ADHD，学習障害の行動特徴を評価する尺度を用いていた。ASD に関連した質問項目は，スウェーデンの児童精神科医 Gillberg らが作成した ASSQ（Autism Spectrum Screening Questionnaire）（Ehlers & Gillberg, 1993）が使用されている。この 27 項目から成る質問票は，3件法で親あるいは教師に回答してもらう。したがって得点分布は 0 点から 54 点と幅広く，得点が高くなるほど自閉症的行動特性が強いことを意味する。図 4-1 は 2012 年の調査の結果の一部で，全国の 53,882 人の児童生徒における ASSQ 項目の得点分布を示している（文部科学省，2012）。この分布のパターンはスウェーデン Bergen 地域の全児童集団 9,430 人の ASSQ 得点分布（Posserud et al, 2006）と似ている。いずれの分布も，児童の大多数は 0 点か 1 点で，高得点に向かって曲線はなめらかに傾斜しており，明らかに病

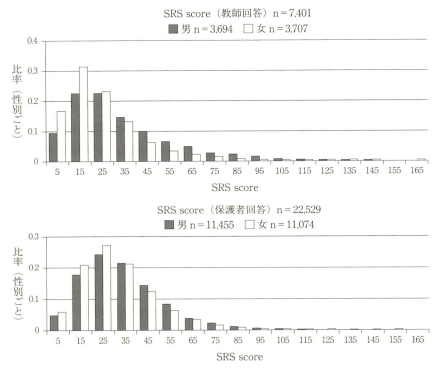

図 4-2 全国の通常学級に在籍する児童生徒集団における対人応答性尺度（Social Responsiveness Scale ; SRS）の得点分布を示す。縦軸は，集団内の頻度（％）を示す。黒は男児を，白は女児を示す。教師回答は，142 小学校，69 中学校の計 2,769 学級の担任教師が回答した。保護者回答は，148 小学校，71 中学校の児童生徒の保護者に依頼した。（Kamio et al, 2013b）

理群と正常群を分ける不連続点は存在しない。図 4-2 は，全国の小・中学校通常学級に通う児童・生徒を対象とした別の調査結果を示している（Kamio et al, 2013b）。この研究では，自閉症的行動特性を定量的に評価する対人応答性尺度（Social Responsiveness Scale ; SRS）（注 SRS-2 児童版とほとんど同一）（Constantino & Gruber, 2005）を用いているが，この得点分布も ASD と診断される子どもを診断のない子どもから明確に区分する不連続点を持たないが，前述の ASSQ とは異なり，最頻値は中ほどに位置し，ベル

カーブに似た山型の分布を持つ。ASD のカットオフ（男子 81 点，女子 73 点）を超える児童生徒の割合は，韓国の疫学研究（Kim et al, 2011）が報告する有病率とほぼ合致する 2.5% であった。

3. 連続的評価の適用

　ASD の有病率が増加している理由の一つに，最近の疫学研究が全児童を対象として連続的評価尺度を用いたスクリーニングを行うことで，通常学級に多い未診断児からもハイリスク児を選ぶ手続きをとっていることが関係すると考えられる。連続的評価は，疫学研究以外にも，行動遺伝学（Constantino & Todd, 2003）や，神経生理学のさまざまな領域においても神経生理指標と行動連関（Noriuchi et al, 2010 ; Takahashi et al, 2014）を調べる有力なツールとしてよく用いられるようになっている。

　一般的な臨床場面でも有用である（Angold & Costello, 2009）。実際，図 4-2 からもよくわかるように，発達歴から問題の把握が難しい軽症あるいは臨床閾下（subthreshold）ケースの方が，そうでないケースよりもはるかに多い（神尾・他，2013）。また閾下ケースは併存症も多い（森脇・他，2013）ので，受診する機会も多いと考えられる。しかしながら，このようなケースの客観的な発達歴情報は得にくく，的確な診断を行うためには，現症について限られた時間内にできるだけ詳細な情報を得る必要がある。子どもの場合，親や教師など異なる複数の情報源から，日本人児童で標準化された連続的な評価尺度を用いて情報収集することは，カテゴリー的診断の限界を補って有用な手段となりうる（Kamio et al, 2013b, 2013c）。診断時以外にも，治療経過の症状評価，あるいは学校などの一般児童を対象としたスクリーニングにも有用である。閾下状態にある人々はカテゴリー的診断では非罹患とされるが，決して無視できない発達障害の中核症状を持つだけでなく，その合併精神症状の多さという点でも臨床的に重要な群であるので，連続的評価がその力を発揮するのである（神尾・他，2013）。

III　発達的観点からみた発達障害アセスメント

　発達障害の症状は，集団内分布だけでなく，個人内の発達経過においても連続的に変移するため，連続的評価は繰り返し行うことは有用である。たとえば，B君の診断がアスペルガー症候群からADHDに変更されると，薬物治療の適応となるが，その非薬物的心理社会的治療や教育方針については大きく変わらない。逆にADHDと診断されていたC君が寛解してADHDの診断が外れた場合，薬物治療の適応外となるけれども，日常生活の困難と環境面での調整の必要性は大きく変わらない場合も少なくない。このようなケースでは，診断というカテゴリー的分類だけの情報では不十分である。
　Biedermanら（2000）は，ADHD男児128人を4年間追跡をした結果，評価のレベル（診断，症状，機能）によって経過の見え方が異なってくることを示した。すなわち，18〜20歳時の寛解レベルは，診断から外れるかどうかという点（syndromatic remission）では寛解率が60％を超えたが，症状レベル（symptomatic remission）でみると20％ほどに下がり，完全なる寛解（functional remission）はわずか10％であった。このことからも，診断の有無だけに基づく判断は臨床ニーズを過小評価する危険性があることが示唆される。ライフステージにわたって必要な支援を行うためには，臨床ニーズに感受性の高い症状や機能レベルについての連続的な評価が重要である。

IV　今後の課題

　発達障害は，その他の精神医学的障害同様，病因は複雑で，まだ明らかになっておらず，その診断単位は病因と1対1に対応していない。病態解明を一層すすめるために，米国のNational Institute of Mental Healthが推進するような，行動および神経生理学的レベルにおける連続的評価に基づく新たな診断体系の構築が重要であることは十分に納得できる。しかしながら，現在のところエビデンスはまだ乏しく，そのようなエビデンスに基づくDSM-5は伝統的な診断体系と連続的評価の折衷であり，臨床的により適切

なアセスメントの方向性を模索中のように見える。このような過渡期には，さまざまな立場から連続的評価かカテゴリー的分類かといった議論がなされがちであるが，AngoldとCostello（2009）が強調するように，そうした議論は生産的ではない。一歩進めてそれらをどのように関係づけて補完するかを考えることの方が有益であろう。最近は，本邦でも日本人集団で標準化され，臨床サンプルを対象に妥当性検証を経た簡便なアセスメント・ツールが増えてきた。保育所・幼稚園や学校などでこれらのアセスメントを導入すれば，就学前から子どものニーズを把握することができ適切な支援の早期開始がもっとすすむと期待される。そのようにして，日常の子どもをよく知る大人たちから意味のある情報を収集し，子どもの臨床像を立体的に組み立てることができれば，支援者と保護者の間の，また異なる専門家同士のコミュニケーションを促し，支援者や家族の日々の対応はもっと子どものニーズに合ったものとなるに違いない。

文　献

Angold A, Costello EJ（2009）Nosology and measurement in child and adolescent psychiatry. J Child Psychol Psychiatr 50 ; 9-15.

Biederman J, Mick E, Faraone SV（2000）Age-dependent decline of symptoms of attention deficit hyperactivity disorder : Impact of remission definition and symptom type. Am J Psychaitry 157 ; 816-818.

Constantino JN, Gruber CP（2005）Social Responsiveness Scale（SRS）. Los Angeles, CA, USA, Western Psychological Services.

Constantino JN, Todd RD（2003）Autistic traits in the general population : A twin study. Arch Gen Psychiatry 60 ; 524-530.

Ehlers S, Gillberg C（1993）The epidemiology of Asperger syndrome. A total population study. J Child Psychol Psychiatr, 34 ; 1327-1350.

遠藤明代・小保内俊雅・高橋英俊，他（2012）保育所・幼稚園における年中児の行動と発達に関する意識調査―発達障害が疑われる児の地域における就学前支援を考える．第108回日本小児精神神経学会 2012. 11 神戸．

Helzer JE, Kraemer HC, Krueger RF（2006）The feasibility and need for dimensional psychiatric diagnoses. Psychol Med 36 ; 1671-1680.

神尾陽子·監訳・編著（2017）SRS-2 対人応答性尺度（J. N. Constantion & C. P. Gruben; Social Responsiveness Scale™, Second Edition（SRS™-2, WPS）．日本文化科学社．

Kamio Y, Inada N & Koyama T（2013a）A nationwide survey on quality of life and associated factors of adults with high-functioning autism spectrum disorders. Autism 17 (1); 16-27.

Kamio Y, Inada N, Moriwaki A, at el (2013b) Quantitative autistic traits ascertained in a national survey of 22, 529 Japanese schoolchildren. Acta Psychiatrica Scandinavica, 128 (1); 45-53. (DOI 10.1111/acps. 12034)

Kamio Y, Moriwaki A & Inada N (2013c) Utility of teacher-report assessments of autistic severity in Japanese school children. Autism Research and Treatment. (http://dx.doi.org/10.1155/2013/373240)

神尾陽子・森脇愛子・武井麗子, 他 (2013) 特集発達障害再考―診断閾値の臨床的意義を問い直す. 未診断自閉症スペクトラム児者の精神医学的問題. 精神神経学雑誌 115 (6); 601-606.

Kim YS, Leventhal BL, Koh YJ, et al (2011) Prevalence of autism spectrum disorders in a total population sample. Am J Psychiatry 168; 904-912.

Le Couteur A, Lord C & Rutter M (2003) The Autism Diagnostic Interview: Revised (ADI-R). Los Angeles, Western Psychological Services.

Lord C, Rutter M, DiLavore PC, et al (2002) Autism Diagnostic Observation Schedule manual. Los Angeles, Western Psychological Services.

Lord C, Petkova E, Hus V, et al (2012) A multisite study of the clinical diagnosis of different autism spectrum disorders. Arch Gen Psychiatry 69 (3); 306-313.

森脇愛子・神尾陽子 (2013) 我が国の小・中学校通常学級に在籍する一般児童・生徒における自閉症的行動特性と合併精神症状との関連. 自閉症スペクトラム研究 10 (1); 11-17.

Noriuchi M, Kikuchi Y, Yoshiura T, et al (2010) Altered white matter fractional anisotropy and social impairment in children with autism spectrum disorder. Brain Research 1342; 141-149.

Posserud MB, Lundervold AJ & Gillberg C (2006) Autistic features in a total population of 7-9-year-old children assessed by the ASSQ (Autism Spectrum Screening Questionnnaire). J Child Psychol Psychiatr 47; 167-175.

Takahashi H, Nakahachi T & Komatsu S (2014) Hyperreactivity to weak acoustic stimuli and prolonged acoustic startle latency in children with autism spectrum disorders. Molecular Autism 5 (1); 23. (DOI:10.1186/2040-2392-5-23)

Wing L (1988) The continuum of autistic characteristics. In: SCHOPLER E, MESIBOV GB, eds. Diagnosis and assessment in autism. New York, Plenum.

Wing L & Gould J (1979) Severe impairments of social interaction and associated abnormalities in children: Epidemiology and classification. J Autism Dev Disord 9 (1); 11-29.

第5章

発達障害と療育

内山登紀夫

はじめに

　本章のテーマは「発達障害と療育」である。平成17年度（2005年）に施行された発達障害者支援法から12年が経過した。筆者はこの法律の成立に多少なりとも関与した経験があるが，当時はこのような法律ができても，何も変化がないに違いないというシニカルな見方がされることが多かったように思える。しかしながら，各地に発達障害者支援センターが設置されたことをはじめとして発達障害に関する行政サービスは少なくとも量的には増加し，専門家・行政の関心は飛躍的に高まったように感じている。

　発達障害者支援法が必要になった背景は高機能自閉症，アスペルガー症候群，ADHD, LDなどの知的障害を伴わない発達障害児・者の存在や支援の必要性への認識が高まったこと，その一方で知的障害や身体障害，精神障害のいわゆる3障害に比して，発達障害を支援するための体制が十分ではなかったということがあげられる。

　2013年の文科省調査（文部科学省初等中等教育局特別支援教育課，2012）では発達障害の疑いのある児童生徒の割合が6.5％と推測されており決してまれな障害ではない。子どもや成人のメンタルヘルスや教育に関与する人々は，精神科医，小児科医，精神療法家，スクールカウンセラーなど職種に関わらず日常的に発達障害の人に接しているはずである。発達障害は，身近にあるけれども，社会の中で十分に知られていない障害だったのである。

　発達障害，特に自閉症の療育については以前から議論されることは多かったが，発達障害の精神療法，特に青年や成人の発達障害についてさかんに議

論されるようになったのは最近のことである。本章が掲載された「精神療法」（金剛出版）の過去の特集のテーマをみると第21巻（1995年）から30巻までで発達障害が取り上げられたのはわずかに2回（発達障害児の精神療法 Vol.21, No.4；ADHD Vol.26, No.3）であった。発達障害者支援法が施行された2005年からこの10年間では「特別支援教育と心理的援助（Vol.32）」「アスペルガー症候群（Vol.33）」「自閉症スペクトラムの人々の就労問題（Vol.35）」「自閉症スペクトラム障害の学生相談（Vol.37）」「自閉症スペクトラム障害の人々への誤解と偏見（Vol.39）」と倍以上になっているし，特集テーマにはあげられなくても発達障害に関連した論文が明らかに増えている。従来は精神療法の重要な対象として取り上げられてこなかった発達障害が，この10年間で「精神療法」の読者の間でも関心の対象になっていったと考えられる。本章では精神療法に関心の深い読者，特に臨床心理分野の読者を想定して，筆者の立場から発達障害の療育について私見も交えて概説する。

I　発達障害の支援における療育，精神療法，教育の位置づけ

　「療育」とは何かという点についてはこれまでも多くの議論があった。本章ではそれを繰り返すつもりはないが，「療育」と「精神療法」は別ものだと意識を持つ人が今でも多いのではないかと思う。発達障害の支援において療育と精神療法，そして教育は連続した支援方法であり，明確な区別をすることはできないし，支援者はその両方に通じていることが望ましいと筆者は感じている。

　高松（1990）によれば「療育」という用語は整形外科医で「肢体不自由児の父」といわれた高木憲二によって昭和17年に提唱されたという。それによると「療育とは，現代の科学を総動員して不自由な肢体をできるたけ克服し，それによって幸いにも恢復したる恢復能力と残存せる能力と代償能力の三者の総和（これを復活能力と呼称したい）であるところの恢復能力をできるだけ有効に活用させ，以て自活の途を立つように育成することである」という。

療育に近い概念としてドイツでは治療教育学（Heilpaedagogik）の概念があり医学的な治療によって治癒することのできない子どもに対して医学と教育の連携によって治療的介入を行ってきた。現在のアスペルガー症候群概念のもとになった児童期の自閉的精神病質の著者の Asperger H（1944）は治療教育学者でもあった。療育にぴったりと当てはまる英語の用語はないように思う。文脈により intervention, rehabilitation, habilitation, treatment and education, などが療育に相当するだろう。

　実際に発達障害児の支援に関わると，各地の療育センターや療育等支援事業，療育手帳など「療育」という用語に接する機会は少なくない。日本では学校教育になじまないとされてきた重度の障害を持つ子ども達が医療・福祉的な施設内処遇を受けてきた歴史があり，教育とは区別して療育という用語が用いられてきた。そのような歴史的背景もあり，現在でも療育は重度の障害児・者を対象に，医療機関や福祉機関で保育士や指導員，PT がやるものといったイメージがあるように思う。

　高松の定義は肢体不自由児を想定した 70 年以上前の定義だが，「現代の科学を総動員して」「能力をできるだけ有効に活用して」「自立につなげる」という要点は現在の発達障害の支援にも通じる。

　「精神療法」や「教育」を療育に含めることについては，さまざまな意見があるだろう。療育を発達障害のある子どもや成人の支援と考えれば，総動員される現代の科学には教育学も臨床心理学も社会福祉学も医学もすべて含まれるのであり，現代の科学を総動員して支援する必要があるのが発達障害のある子どもと成人なのである。自閉症スペクトラムの人は知的に高い能力を持っていてもカウンセリングルームでカウンセリングをするだけでは，十分な効果が望めないことが多い。精神療法と療育，あるいは教育と療育の間にクリアーな境界線を引くことは難しいし，その意味もない。また一人の発達障害の子どもを支援するときに療育と精神療法と教育がまったく無関係に独立した支援をしてよいはずがない。しかしながら，現在でも同じ一人の子どもが療育機関では 1 対 1 の行動療法の対象となり，病院や教育相談者・児童相談所などでは臨床心理士による遊戯療法や箱庭療法が，そして学校では週に一度の通級指導教室で指導を受けて，支援者は互いに没交渉という不思

議な事態がしばしば生じている。

　前置きが長くなったが，本章ではまず代表的な発達障害である自閉症スペクトラム障害（Autism Spectrum Disorder, 以下 ASD）の療育・支援について定評があるアメリカのノースカロライナ大学を拠点に実施されている TEACCH プログラムの基本理念と，英国自閉症協会が採用する SPELL という支援の考え方について解説する。TEACCH も英国自閉症協会も長い歴史を持つが，当初は重度のカナータイプの自閉症の幼児の「療育」から出発し，しだいに，青年や成人期の高機能自閉症やアスペルガー症候群の支援も含めた年齢も知的水準も広範囲の ASD 全般の支援を行うようになった。このような支援対象の拡大は日本や欧米の多くの国で生じた共通の特徴であり（内山，2002）、このような変化に伴い療育と精神療法の差は縮まっていったと考えられる。

1．支援の基礎となる考え方
1）TEACCH プログラム（内山，2006）

　TEACCH プログラムとは，アメリカのノースカロライナ州で行われている ASD の人々を支援する包括的プログラムのことをさしている。TEACCH はもっとも評価の高い自閉症の支援プログラムの一つであり，多くの国の自閉症療育に影響を与えてきた。TEACCH（ティーチ）とは，もともと Treatment and Education of Autistic and related Communication handicapped Children（自閉症とその関連する領域にあるコミュニケーション障害の子どもたちの治療と教育）の頭文字をとったものである。最初の Treatment and Education を療育と訳されることが多かったが，最近 TEACCH 部ではディレクターの交代など大きな変化があり，T は Teaching, E は Expanding に変更された。現在の TEACCH は，Teaching, Expanding, Appreciating, Collaborating, Cooperating, Holistic の頭文字を並べたものである。TEACCH プログラムの創始者 Shopler 博士はその基礎となる考え方を，Philosophy（哲学）として 9 箇条にまとめている。

（1）個人を観察することによって特性を理解する

　　TEACCH は実証的なデータをもとに，家庭や学校や職場という「現

実の世界」で,子どもと家族が安心して生活できる援助を目指している。理論から出発するのではなく,実際の子どもの行動を観察することから出発するのが基本的なスタンスである。Shopler が自閉症の治療を始めた 1960 年代当時のアメリカは精神分析全盛の時代で,自閉症も当然のように精神分析理論を適用した治療がされていた。Shopler 自身,高名な精神分析家であった Bettelheim の弟子であり,自閉症の精神分析的治療から出発した。当時,自閉症は潜在的な認知能力は高いのに不適切な養育のために「心を閉ざした子ども」と考えられ,遊戯療法や精神分析の対象になっていた。しかし実際に治療効果はあがらず,Shopler は Bettelheim とも精神分析とも袂をわかち,自閉症の子どもを観察することから療育方法を検討し始めた。そして行動理論と認知理論に基づいた自閉症療育の方法を考案していったのである。

(2) 親との連携を重視する

　TEACCH では親と専門家の関係を 4 つの軸で整理する。1 つは自閉症支援の専門家が親を指導する関係,2 つ目は子どもに関しての親からの情報を重視して,専門家が親から学ぶ関係,3 つ目は親と専門家が共同して気持ちを支え合う関係,4 つ目が親と専門家が地域社会や行政に対して子どもの代弁者として活動する関係である。これも理念（1）と深い関係がある。1960 年代当時は自閉症の原因は親であり,親は治療や非難の対象であった。Shopler らは親は自閉症の原因ではないことを実証的な研究から明らかにし,親と専門家のコラボレーションを大切にすることを強調した。

(3) 治癒ではなく,子どもの適応能力を向上させる

　子どもの適応能力を向上させ地域社会の中で自分らしく生きていくことを目標にし,そのために必要な長期にわたる支援プログラムを提供することを重視する。自閉症は治癒を目指すべき児童期の精神病ではなく,発達の偏りであるという発達障害モデルを採用し,環境調整と治療教育による適応能力の向上を目標とした。

彼らは定型発達とは異なった認知をしている。多数派ではないが、そこに強みや独創性、オリジナリティがあるともいえる。発達障害の特性を尊重しつつ、多数派の定型発達の人々が占める社会で適応的、生産的な生活を送り生活の質を高めることができるように、個々の子どもや成人の障害特性に応じた教育や支援を行いつつ、学校や家庭、会社など社会の側でも障害特性に応じた接し方や環境設定を行うことを重視する。

(4) 個別に正確な評価をする

ASDという診断は同じであっても、障害特性や個人の性格・嗜好は一人ひとり違っている。適応能力の向上を目指すためには、その子の得意なこと、苦手なこと、できること、できないこと、興味関心のあること、生活している環境などを考慮し、何を教えるべきか、苦手なことを環境調整によってどう補うことができるかを考えていかなければならない。そのためにさまざまな方法を用いて、その子を評価（アセスメント）する。評価を適切に行うためには発達や認知についての理解が必要であり、発達心理学や認知心理学の知識と経験が必要になる。

(5) 環境を整える

ASDなど発達障害の人は認知能力のアンバランスがあり、得意なことと苦手なことの差が大きい。しかも、その特性は生涯にわたって継続することが多い。本人を教育することによって一定のスキルを持たせることは可能だが、障害特性が本人の苦痛や能力を発揮することのバリアーにならないためには環境を調整することも重要である。

TEACCH以前の療育や治療方法は、いかに子どもを変えるか、という視点が中心であった。自閉症特性に配慮した環境を設定することを重視したことがTEACCHの特徴である。そのような環境調整をして、自閉症フレンドリーな環境を設定することを構造化という。

(6) 認知理論と行動理論を重視する

支援プログラムを考える時には、自閉症の認知特性から支援方法を考

案し，客観的に観察された行動を治療効果の指標とすることは行動理論に依っている。認知理論では状況の理解と脳内で生じる認知過程を重視している。TEACCH の二代目のディレクターの Mesibov は「思考」「予期」「周囲の状況の理解」が人間の行動に影響を与えるとした Bandura の社会的学習理論から強い影響を受けた。TEACCH の構造化された学習モデルにおいては，自閉症の人にとって周囲の状況が意味のあることとして理解できる環境が学習能力に決定的な影響を与えるとしており，予期と有意味性を重視した。そのような環境の中で，「達成できた」という経験を積むことで，「自己効力感」「自己肯定感」を感じることができるように支援する。

(7) スキルを伸ばすと同時に，弱点を受け入れる

　子どもの評価に基づき達成可能な課題設定をし，成功体験や自立的経験の中から自己肯定感を育むことが重要で，達成不可能な課題を設定して失敗経験を積み重ねていくことは避ける。ここでいう課題とは机上での学習課題や身辺自立の課題だけでなく，問題行動のコントロールやコミュニケーションの理解，職業スキルや遊びや社交など社会的場面での振る舞いなど広い意味で使われている。障害特性ゆえに困難な弱点があれば，その弱点を認め，別の方法で補ったり，あらかじめ回避することも推奨される。

(8) ジェネラリストモデル

　ASD は複雑な障害で，多様な専門家が関与することが多い。心理士や医師，保育士や教師，言語聴覚士，ケースワーカー，作業療法士，指導員やヘルパー，就労支援の専門家などである。TEACCH 部のスタッフのバックグラウンドはさまざまであるが，臨床心理学や教育学などの出身が多い。創始者の Shopler も心理学者であった。日本では比較的重度の子どもを直接指導するような「療育」は保育士や指導員などが担当し，子どもの遊戯療法や思春期・成人の人のカウンセリング・心理テストは臨床心理士やスクールカウンセラーが担当するといった棲み分けが

みられることが多いように思うがTEACCHでは、ディレクターを務めるクリニカルサイコロジスト（英米のクリニカルサイコロジストは日本の臨床心理士よりはるかにハードルの高い資格なのであえて区別してカタカナ書きする）も、一般スタッフのセラピストも重度から高機能の子どものテストも療育も高機能成人や親カウンセリングもすべてを行う。医師の筆者が研修を受けたときも、療育、テスト、本人カウンセリング、親カウンセリングなどの広範囲の研修を受けた。バックグランドが教師でも心理でも医師でも同じ内容の研修を受けるのもジェネラリストモデルを反映している。専門家がそれぞれの専門性を持って関わることは当然であるが、自閉症の子に関わる場合は、スペシャリストであると同時にその子の全体を見渡し理解する視点を持ったジェネラリストとしての姿勢が求められる。

(9) 生涯にわたる地域社会に基礎を置いたサービス

　支援は生涯にわたって必要である。将来、地域でできるだけ自立して生活していくために、地域に基盤をおいた支援サービスを充実させることが必要である。
　ASDの人を支援するためには人や場所が変わっても継続性、一貫性のある支援が提供されることが望ましい。病院や精神療法クリニックなどの限られた場所のみでサービスを提供するのではなく、子どもや家族が暮らす家庭や地域でも社会生活が営めるように支援する。

このようなTEACCHの理念はASDの人の自己効力感を高めることに繋がる。自己効力感とは「自分でできる」「自分はやれる」という感覚であり、これは喜びや達成感へと通じる、誰にとってもかけがえのない感覚である。発達障害の人々は、障害特性ゆえに定型発達の人と同様のことを同様に行うことは難しく、自己否定的になりやすい。環境設定や方略を工夫することで自分でやり遂げるようにすることが支援者の役割である。

2）SPELL アプローチ（Beadle-Brown & Mills, 2010）

　英国自閉症協会（National Autistic Society，以下 NAS）には SPELL という共通の理念がある。これは Structure（構造），Positive（肯定的），Empathy（共感），Low Arousal（穏やか），Links（繋がり）の5つであり NAS の療育支援のフレームワークといえる。NAS は7つの自閉症・アスペルガー症候群のための特別学校をはじめとして，高機能 ASD の人の就労支援機関など幼児から成人までを対象にした多様な支援を行っているが NAS の運営する支援機関すべてこの SPELL という共通の理念に基づいて運営されている。表出言語を持たない重度の子どもの療育も，大学生や一般企業に就労している高機能成人のカウンセリングや就労支援にも SPELL の理念が適用される。英国では NAS の機関に限らず，ASD を対象にした教育・福祉・医療の領域でも SPELL の理念を採用した支援がされている機関が増えている。

　SPELL は ASD には ASD 特有の特性と支援ニーズがあるという認識から出発している。以下，例としてはやや特殊かもしれないが，英国の ASD に特化した St. Andrew's 病院の保安病棟で SPELL の理念がどのように実践されているかを紹介したい。保安病棟は触法精神障害を対象とした精神科病棟である。St. Andrew's 病院には ASD に特化した病棟があり，対象は知的な遅れがない触法行為のために隔離治療が必要とされた高機能自閉症やアスペルガー症候群の成人である。ここでは，ASD の治療のために SPELL の理念を基本にし，TEACCH の理念や応用行動分析を基本にしたさまざまな療育や心理学的・教育的支援がなされている。SPELL の最初の要素は，まずすべての患者に対して心理テストや行動観察を含めたアセスメントを行う。そして患者の問題のどの部分から治療的介入を行うかの優先順位と，どのような治療的手法を用いるかの検討を行い，個別に計画をたてアプローチする。その際のアセスメントや支援プランの決定は医師，クリニカルサイコロジスト，スピーチセラピスト，専門看護師，作業療法士，ケースワーカー，教師（英国では成人の施設でも教師資格を持つスタッフが配置されていることが多い）など多様なスタッフで構成された多職種チームで行われる。

Structure（構造）

　予測可能であること（見通しがあること），理解可能であること，安心できる環境であることが重視される。構造化はASDの人の自立や自律を高めることにも役立つ。たとえば，あらかじめ予定をメモなどで視覚的に提示すれば，支援者が逐一指示する必要がなくなる。一般にASDの人は聴覚的理解より視覚的理解が優れていることや，順序についての関心が高いなどの長所を活用している。TEACCHプログラムで重視される構造化と多くの共通点がある。

　St. Andrew'sでは後述するようにさまざまな治療プログラムが準備されているが，これらの介入を成功させるために重要なのが構造である。どの治療プログラムにおいても，すべてのセッションは予定の時刻に始まり，予定の時刻に終わる。それによって安心でき見通しのある環境が確保される。治療セッションの時間だけでなく，その時間にどのようなテーマで取り組むかも予告する。ASDの人が不安なく理解できるように文字や図を多用し，視覚的に明白で具体的な情報を提供することでスタッフと患者のコミュニケーションが誤解なく成立するように配慮する。このような方略をとることで病棟内外の活動や治療セッションに安心して参加できるようになる。文章あるいは音声言語による指示や説明を行うときには，あらかじめ評価した結果に基づいて個々の患者が十分に理解できるように表現や文の構造，使用する語彙，どの程度の図示を行うかなどを多職種チームのスタッフで取り決めておく。

Positive（肯定的に）

　支援は肯定的な雰囲気で注意深く行う必要がある，無理なことを要求したり威圧的な態度は禁物である。ASDの特性の一つは不安感を持ちやすいことであり，威圧的・強圧的な態度を支援者がとるとASDの人は不安になったり本来持っている能力を発揮しづらくなるからである。肯定的な雰囲気で支援するためには,個別のアセスメントを慎重に行い,それぞれのASDの人にあった課題やプログラムを設定する必要がある。

　St. Andrew'sの保安病棟では，対象の患者の特性上，許容できない行

動を呈する患者があり，禁止や制限を必要とする場面が発生する。なぜその行動が許容できないのか，その理由を穏やかに論理的に説明する。そうすると大半の患者はその理由を理解する。患者の多くは自己評価が低く，自信のない人が多く，そのために苦手なものに参加することを回避することも多い。スタッフは患者の長所，才能，興味を積極的に評価することで患者の不安や自己否定感を取り除くように常に配慮する。たとえば患者に強い興味関心の分野があれば，看護師などのスタッフで同じ興味関心のある人と話す時間を日課の中に設定する。

　ASDの人は一般にグループが苦手だと思われているが，SPELLの理念を適用することでグループ参加へのチャンスが高まる。彼らの特別な興味関心を肯定的に評価し，それを取り入れたグループ活動を提供する。積極的なグループへの参加のモデルを示し，ロールプレイに適切に参加した時などにはそれに対し正の強化を行う。さりげない賞賛などのわずかな報酬であっても，患者の動機付けに大きな影響を与える。常に肯定的なフィードバックを与え，本人の興味関心を用いた自然な動機付けを行い，セラピーを行う部屋を静かな落ち着いた環境にすることなどがグループでの活動を可能にする。

　病棟ではRAID（Reinforce Appropriate, Implode Disruptive）というプログラムが実践される。RAIDはいわゆる問題行動に対して，徹底的に肯定的にアプローチすることによる改善を意図したプログラムである。RAIDの原則では患者が何等かの活動に参加できる機会を患者の興味・関心や能力のアセスメントを通じて提供し，患者が達成可能な活動や趣味などを通した対人交流を強化し，そうすることで患者は関わらなければならない活動に集中し，その結果好ましくない行動が減ることを目指す。そのためには患者が苦痛に感じないような環境設定や課題設定に細心の注意を払う。

Empathy（共感）

　ASDの人が環境をどのように認知しているかを理解して，換言すればASDの人の目を通して外界を理解し，ASDの人の苦痛や楽しみに

共感することも支援の基本である。定型の人ならば何の苦痛もなく受け入れられる予定の変更が非常な苦痛になりうることを支援者が理解し，ASDの人の苦痛に共感することが大切である。そのためには，ASDの特性を意識した個別のアセスメントが必要である。

　St. Andrew's ではASDの患者に対してスタッフが話しかける時，あるいはさまざまなセラピーの場面でできる限り具体的な言葉を用いるように，すべてのスタッフが配慮している。次々に言葉で指示を与えると患者は容易に混乱するので，具体的で明晰な言葉使いをすること，慣用句や皮肉などの曖昧な言葉を避けるようにする。スタッフトレーニングの一環としてスタッフ自身が患者に対して，どれだけ語用論的な慣用表現を使っているかを振り返ることが推奨される。語用論的な表現を誤解なく患者が理解することは難しいし，曖昧な表現によって患者が被害的になることもある。スタッフの言語コミュニケーションのあり方がASDの人に大きな影響を与えていることを理解できるように研修プログラムが組まれている。

Low Arousal（穏やかな刺激）

　ASDの人は音や光，臭いなどの感覚刺激に過敏なことが多い。どのような刺激が苦痛かは人によってまちまちであるが，その人の苦痛になるような刺激は最小限にする。ASDの人を取り巻く環境は静かで予定外のことが少ない設定が必要である。そうすることによって彼らの不安を減少させ集中力を高めることができる。たとえば，スタッフの言葉を理解することや会話に十分な時間を確保することも必要である。

　St. Andrew's 保安病棟は個々の患者にも食堂や娯楽室のような共用のエリアにも十分なスペースが確保されている。環境のさまざまな側面に配慮し，騒音，席の配置，照明なども個々の患者にとって苦痛がないように個別の配慮をする。選択的緘黙を合併している患者を含めて本人の好むコミュニケーションの形態も評価し，患者がどのような扱いを受けたいか，どのような名前で呼ばれたいかを尋ね，患者が希望する呼び方をする。他の患者やスタッフとの交流を希望しない患者には，それを強

制することはしない。すべての患者に対し1対1の個別カウンセリングの時間を設け，患者の孤立や不安をさける。スタッフは常にあたたかい雰囲気で患者に受容的に接するようにし，患者との信頼関係を維持するように心がける。

　もっとも Low Arousal であることは No Arousal であることを意味しない。ASD の人の経験の幅を広げるためには新しい刺激も必要なのは当然である。しかし，新たな課題やプログラムを行う際には ASD の人が混乱したり苦痛を感じたりしないように事前のアセスメントに基づいて計画的かつスモールステップで柔軟に行うようにする。

Links（繋がり）

　ASD の人の生活のさまざまな場面で，治療的介入や ASD 特性への配慮がなされることで，彼らと支援者や社会との繋がりが維持，促進される。ASD の人と親や教師，医師，心理士などの治療者がチームとして一貫した方針のもとで協力して支援することが ASD の人が不安なく有意義な生活を送り，社会参加するために必要である。ASD に関係した新たな知見やプログラムに関する情報は誰もが知ることができるようにする。St. Andrew's 保安病棟でも患者とスタッフ，患者と家族や友人，地域社会との繋がりをできる限り持つべきであるし，さまざまな社会参加のプログラムが準備されている。

　このような SPELL アプローチは TEACCH の理念とも非常に近い。SPELL はカナータイプの自閉症のみでなく，アスペルガー症候群の人にも共通して適用される。

3）St. Andrew's 病院保安病棟における臨床心理学的介入方法

　入院患者のほとんどは ASD に加えて，不安，うつ，ADHD，パーソナリティ障害や，薬物依存などの他の問題を併存している。したがって基底にある ASD 特性への支援に加えて，併存障害への支援も必要になる。基本的な支援理念は前述の SPELL や TEACCH に基づいた ASD 特性への支援であるが，

より特異的な心理学的介入としては認知行動療法を基本に，Adapted DBT（ASD 向けに改変した弁証法的行動療法），バイオフィードバック，性教育，怒りのマネージメントなどの多様なプログラムが準備されている。すべての支援方法について紹介するだけの紙幅はないので，特徴のあるいくつかの心理学的介入方法について紹介する。

　DBT（Dialectical Behaviour Therapy，弁証法的行動療法）（Linehan, 2007）は境界例の問題行動を主な対象として開発された行動療法の一種であるが，ASD 向けに写真や文章を使用したテキストやカードを作成するなどの改変を行い実施している。このように ASD の人には既存の介入方法をそのまま用いることが難しいために既存の方法を改変することと，新たに支援方法を開発することの両方を組み合わせて適用することが多い。

　性犯罪など対人関係に問題をもつ患者には"Great Mates Great Dates"（素晴らしい友人（異性），素晴らしいデート）というプログラムを用いることがある。これは「友人とはなにか」「信頼」「他者に魅力を感じる時」「デートの方法」「同意することの重要性と法律」「安全なセックス，避妊，性病の予防」「どのように異性との関係を維持するか」「異性との別離への対処」などをテーマに具体的な知識や行動について教育する方法である。

　ASD 当事者と専門家が共同で開発した SOCIALEYES（The National Autistic Society, 2010）というプログラムもある。ASD の人に「不適切な行動をなくす」とか「定型発達の人の"正常の"行動を模倣する」ことを求めるのではなく，他者と関わるための ASD の人に適合した方略を学習することを目的とする。DVD と CD-ROM によるパッケージがあり，その内容は"ソーシャルシナリオクリップ"，活用法のマニュアル，ワークシートなどから構成される。

　Being Me（The National Autistic Society, 2008）は SOCIALEYES のプログラムとペアで実施され診断や診断が与える影響の理解を促すためのプログラムである。

　以上，プログラム化された介入方法について紹介したが，個々の患者について，その人特有の悩みや訴えについて傾聴し，解決をはかるために個別のカウンセリングが行われるのは当然である。個別のカウンセリングにおいて

もSPELLの理念が強調される。たとえば時間や場所の予定の変更はできるだけ避ける，スピーチセラピストが行った個々の患者のコミュニケーション能力のアセスメントに基づいて，患者が誤解したり，不安を覚えたりしないように患者の理解できる範囲の言葉を用いる，言語理解に時間がかかる患者には言葉のやりとりに十分に時間をかける，ネガティブな表現や仄めかしは極力さけるなどの配慮がされる。治療の評価についても同様であり，Linksの理念にしたがって多職種で多様な場での患者の言動が評価される。高機能ASDの人には1対1のセラピー場面では，治療的介入などによって急速にコミュニケーションや社会性が改善されたようにみえる人もいる。しかしながら，ASDの人のハンディキャップは無構造で多人数が交流する社会的場面で明らかになるのであり，仮に1対1のセラピー場面で改善が見られても，病棟スタッフや他の患者との交流や，病院外での行動なども含めて慎重に多面的に評価することが必要になる。過大評価をすると，結果的に患者に能力以上のことを求めることになり問題行動が再現するなどの望ましくない帰結になりがちである。

ま と め

　ASDの支援について英国の保安病棟の例をあげて筆者の意見を述べた。自閉症からASDへの概念の変化は，支援方法のあり方についても大きな影響を与えた。従来，自閉症の療育といえば療育センターや医療機関において集団あるいは個別で行う訓練的な指導が中心であった。TEACCHやSPELLの理念はそのような時代背景のなかで発展してきた。現在ではさらに年長かつ知的障害の伴わない高機能例についても支援が必要になってきており，さまざまな取り組みがなされている。しかし対象が高機能自閉症やアスペルガー症候群であっても，幼児であっても成人であってもTEACCHやSPELLがASD支援の基本であることに変わりはない。

　複雑な支援ニーズを持っていると考えられる触法ASDの支援についても先進的な取り組みを行っているSt. Andrew's病院の保安病棟の支援について紹介した。そこでも基本は療育的アプローチのフレームワークである

TEACCHとSPELLであり，それに加えて既存の認知行動療法プログラムをASD向けに改変を加えた心理学的介入方法やASD理解に焦点をあてたBeing MeなどのASD理解を促すプログラムが行われていた。現在のASD支援においては療育と認知行動療法などの精神療法，自己理解を促し適応スキルを身につける教育的アプローチに明確な境界はなく，療育，精神療法，教育は融合しつつある。ASDは知的水準や年齢に関係なく3つ組の特性を持つことで診断され，支援も共通した方法がある。ASDの支援者は自己の専門的バックグランドに関わらずASDに関連した多様な領域に関心を持ったジェネラリストが求められているのではないだろうか。

本報告の一部は厚生労働科学研究費補助金障害者対策総合研究事業精神神経分野青年期・成人期発達障がいの対応困難ケースへの危機介入と治療・支援に関する研究．（主任研究者：内山登紀夫）として行われた．

文　　献

Asperger H（1944）Die "Autistischen Psychopathen" im Kindesalter. Archiv fur Psychiatrie und Nervenkrankheiten 117；76-136.
Beadle-Brown J & Mills R（2010）Understanding and supporting children and adults on the autism spectrum. Brighton：Pavilion Publishing（Brighton）．
Linehan MM（小野和哉監訳）（2007）弁証法的行動療法実践マニュアル―境界性パーソナリティ障害への新しいアプローチ．金剛出版．
文部科学省初等中等教育局特別支援教育課（2012）通常の学級に在籍する発達障害の可能性のある特別な教育的支援を必要とする児童生徒に関する調査結果について．
高松鶴吉（1990）療育とはなにか．ぶどう社．
The National Autistic Sociey（2008）Being Me. The NAS.
The National Autistic Society（2010）Socialeyes. The NAS.
内山登紀夫（2002）自閉症概念の歴史と援助手段の変遷―カナーから自閉症スペクトラムへ60年間の歴史．語発達遅滞究 4；1-12.
内山登紀夫（2006）本当のTEACCH―自分が自分であるために．学研．
内山登紀夫・堀江まゆみ（2014）英国における発達障害（自閉症スペクトラム障害）の対応困難事例への治療的介入に関する研究．厚生労働科学研究費補助金障害者対策総合研究事業　精神神経分野　青年期・成人期発達障がいの対応困難ケースへの危機介入と治療・支援に関する研究．平成25年度総括．分担研究報告書，pp.113-122.

第6章

発達障害と教育

柘植雅義

はじめに

近年，わが国においては，学校教育分野において，学習障害（LD），注意欠陥多動性障害（ADHD），高機能自閉症，アスペルガー症候群などといった，知的障害のない発達障害が大きな話題となっている。

その内容は，障害像や障害特性に関する事項，診断や判断の基準に関する事項，出現率に関する事項，指導方法や支援方策に関する事項，通常学級における授業改善に関する事項，校内支援体制に関する事項，教育制度や法的整備に関する事項，教師の専門性の向上に関する事項，保護者や関係機関等との連携協力に関する事項など，多岐にわたる。

そこで，本章では，知的障害のない発達障害（以後，発達障害という）を巡る教育に関する事項について，できる限り漏れなく全般的に論じることにし，現在の，発達障害教育の到達点と課題，そして今後の展望について，以下の6点に整理して論じることにする。(1) 発達障害の教育を巡る経緯，(2) 発達障害の教育における認知と理解，(3) 発達障害の教育的対応の制度，(4) 発達障害の教育的対応の実際，(5) 発達障害の教育的対応の課題，(6) 発達障害の教育的対応の今後。

I 発達障害の教育を巡る経緯

日本においては，従来，盲・聾・養護学校（現在の特別支援学校）における視覚障害，聴覚障害，知的障害，肢体不自由，病弱の5障害や，それらの

組み合わせ（重複障害），それらに加えて，小中学校に設置された特殊学級（現在の特別支援学級）における言語障害や情緒障害を中心として，障害のある子どもの教育が制度化され実施されてきた。

そのような中，1990年代前後になると，これまで日本では対応してこなかった，学習障害（LD）の認知や教育的対応の必要性について，学校教育現場，親の会，マスコミなどで大きな話題になり，親の会や学術学会が設立されていった（柘植，2002）。そして，アメリカを始め，学習障害等に関する諸外国の先進情報の紹介が本格化したのもこの頃であった。たとえば，アメリカでは，1975年の公法 PL94-142（米国障害児教育法）において，学習障害（LD）が定義され，IEP（個別教育計画）の作成などが明記された（Wright et al, 2010）。

そのような中，文部省（現在の文部科学省）が設置した調査研究協力者会議が，1999年（平成11年）7月に「学習障害児の指導について」（報告）を取りまとめた。その中で，学習障害の定義や判断基準などが示された。この会議は，1992年（平成4年）に発足したので，とりまとめまで7年もの期間がかかったことになる。従来の障害ではない新たな学習障害の認知や理解等に関係者の多くの時間が必要だったことがうかがわれる。

なお，アメリカに存在したいくつかの学習障害関係団体のネットワーク，全米学習障害合同委員会（NJCLD）が設立され，団体の合意として学習障害の定義が取りまとめられたが，この定義も，わが国の定義を検討していく際の参考にされた。

そして，21世紀の初頭，2001年になると，中央省庁の再編で新たに誕生した文部科学省が設置した調査研究協力者会議が，「21世紀の特殊教育の在り方（報告）」を取りまとめた（2001年1月）。その中で，注意欠陥多動性障害（ADHD）と高機能自閉症の，定義と判断基準（試案）が示され，学習障害（LD）と共に，全国的な実態把握の必要性が示された。

これを契機に，従来の文部省時代の特殊教育課が，文部科学省の特別支援教育課となり，学習障害等，知的障害のない発達障害を専門に担当する調査官が新設されるなど，課の所掌事項も拡大し，特殊教育から特別支援教育への転換に向けた必要な制度改正・法的整備等が始まっていった。

そして,「特別支援教育」とは,「これまでの特殊教育の対象の障害だけでなく,その対象でなかったLD, ADHD, 高機能自閉症も含めて障害のある児童生徒に対してその一人一人の教育的ニーズを把握し,当該児童生徒の持てる力を高め,生活や学習上の困難を改善又は克服するために,適切な教育を通じて必要な支援を行うものと言うことができる。もとより,この特別支援教育は,障害のある児童生徒の自立や社会参加に向けた主体的な取組を支援するためのものと位置付けられる」(「今後の特別支援教育の在り方について(最終報告)」,2003)と詳しく示された。こうして,これまでの特殊教育の対象から大きく広げ,LD, ADHD, 高機能自閉症等の,知的障害のない発達障害に本格的に対応していくことになり,また,そのことが,従来の特殊教育から,新たな理念と基本的な考えの特別支援教育への転換の最も重要な変更事項として話題になり,転換の重要な牽引役としても機能した。

II 発達障害の教育における認知と理解

学習障害,注意欠陥多動性障害,高機能自閉症について,文部科学省は,それぞれ定義と判断基準を示している。これは,学校教育において,各学校での理解を深めるために,特別支援教育を扱う校内委員会による協議を行う際に,さらに,専門家チームが判断を行う際に使われる。したがって,これは,診断(医師によるもの)を行うものではない。

文部省(現文部科学省)が示した学習障害の定義は,以下の通りである。

学習障害の定義(文部省,1999):
「学習障害とは,基本的には全般的な知的発達に遅れはないが,聞く,話す,読む,書く,計算する又は推論する能力のうち特定のものの習得と使用に著しい困難を示す様々な状態を示すものである。学習障害は,その原因として,中枢神経系に何らかの機能障害があると推定されるが,視覚障害,聴覚障害,知的障害,情緒障害などの障害や,環境的な要因が直接的な原因となるものではない。」

また,学習障害の判断・実態把握基準(試案)(文部省)(1999)を,次に示す。

学習障害の判断・実態把握基準（試案）（文部省，1999）

Ⅰ　判断・実態把握の体制・手続き
　1　学校における実態把握
　　　特別支援教育に関する校内委員会が行う
　2　専門家チームにおける判断
　　　教育委員会職員，特別支援教育担当教員，通常学級担当教員，心理学の
　　　専門家，医師等から構成
　　　専門的意見の提示
　　　学習障害か否かの判断と，望ましい教育的対応の内容

Ⅱ　判断・実態把握基準
　1　校内委員会における実態把握基準
　(1)　実態把握のための基準
　　　A．特異な学習困難があること
　　　　①国語または算数・数学の基礎的能力に著しい遅れがある
　　　　②全般的な知的発達に遅れがない
　　　B．他の障害や環境的要因が直接の原因ではない

　2　専門家チームによる判断基準
　(1)　判断基準
　　　A．知的能力の評価
　　　　①全般的な知的発達の遅れがない
　　　　②認知能力のアンバランスがある
　　　B．国語または算数・数学の基礎的能力の評価
　　　　①国語または算数・数学の基礎的能力に著しいアンバランスがある

この他に，
　　　C．医学的な評価
　　　D．他の障害や環境的要因が直接的原因でないことの判断

表6-1 質問項目に対して担任教員が回答した内容から，知的発達に遅れはないものの学習面又は行動面で著しい困難を示すとされた児童生徒の割合 推定値（95％信頼区間）（文部科学省，2012）

学習面又は行動面で著しい困難を示す	6.5％（6.2％～6.8％）
学習面で著しい困難を示す	4.5％（4.2％～4.7％）
行動面で著しい困難を示す	3.6％（3.4％～3.9％）
学習面と行動面ともに著しい困難を示す	1.6％（1.5％～1.7％）

表6-2 質問項目に対して担任教員が回答した内容から，知的発達に遅れはないものの学習面，各行動面で著しい困難を示すとされた児童生徒の割合 推定値（95％信頼区間）（文部科学省，2012）

A：学習面で著しい困難を示す	4.5％（4.2％～4.7％）
B：「不注意」又は「多動性－衝動性」の問題を著しく示す	3.1％（2.9％～3.3％）
C：「対人関係やこだわり等」の問題を著しく示す	1.1％（1.0％～1.3％）

次に，注意欠陥多動性障害（ADHD）と高機能自閉症の定義は以下のとおりである。

注意欠陥多動性障害の定義（文部科学省，2003）

「ADHDとは，年齢あるいは発達に不釣り合いな注意力，及び／又は衝動性，多動性を特徴とする行動の障害で，社会的な活動や学業の機能に支障をきたすものである。また，7歳以前に現れ，その状態が継続し，中枢神経系に何らかの要因による機能不全があると推定される。」

高機能自閉症の定義（文部科学省，2003）

「高機能自閉症とは，3歳位までに現れ，他人との社会的関係の形成の困難さ，言葉の発達の遅れ，興味や関心が狭く特定のものにこだわることを特徴とする行動の障害である自閉症のうち，知的発達の遅れを伴わないものをいう。また，中枢神経系に何らかの要因による機能不全があると推定される。」

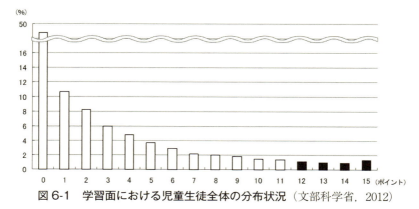

図 6-1 学習面における児童生徒全体の分布状況 （文部科学省，2012）

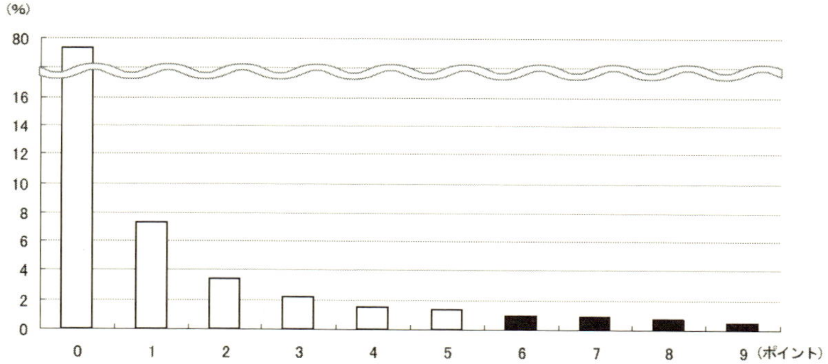

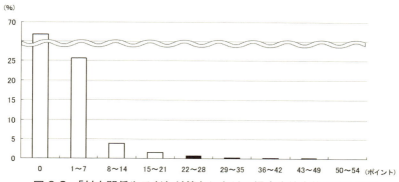

図 6-2 「不注意」又は「多動性－衝動性」における児童生徒全体の分布状況
（文部科学省，2012）

図 6-3 「対人関係やこだわり等」における児童生徒全体の分布状況
（文部科学省，2012）

次に，文部科学省は，その後，2回にわたって，発達障害に関する全国実態調査を実施した（文部科学省，2003；文部科学省，2012）。2回目の調査名は，「通常の学級に在籍する発達障害の可能性のある特別な教育的支援を必要とする児童生徒に関する調査結果について」であった（調査結果は，文部科学省の Web サイトを参照）。

　発達障害の可能性のある児童生徒の割合は，1回目は6.3%，2回目は6.5%であった。サンプリングの違いなどにより，直接的な比較はできないが，この2回の調査により，やはりおおよそ6〜7%ほどの割合で，小中学校の通常学級に発達障害の可能性のある児童生徒が存在することが示唆された（柘植，2013a）。

　以上のような，学習障害，注意欠陥多動性障害，高機能自閉症の定義や判断基準，通常学級における発達障害の可能性（全国調査）により，発達障害の認知と理解が深まっていった。しかし，その一方で，発達障害に対する誤解と偏見も引き続き指摘され，関係者や広く一般国民の一層の理解啓発が必要となっている（柘植，2013b）。

Ⅲ　発達障害の教育的対応の制度

学校・園における体制整備

　幼稚園，小中学校，高等学校においては，特別支援教育コーディネーターを指名し，特別支援教育に関する校内委員会を各学校に設置し，個別の指導計画や個別の教育支援計画を作成すること，校外の専門家による巡回相談や専門家チームによる支援を行うことなどが示された（文部科学省による，体制整備のガイドラインや，局長通知を参照のこと）。

　特別支援教育コーディネーターは，校内の特別支援教育推進のキーパーソンで，福祉や医療など関係機関との連携や保護者からの相談の窓口でもある。特別支援教育に関する校内委員会は，校内での特別支援教育推進の企画や，児童生徒等の実態把握，個別の指導計画や個別の教育支援計画の作成や運用・

評価，校内研修会の企画・運営などを行う。

　個別の指導計画は，一人一人の指導の計画であり，学校が作成する。その際には，たとえば，実態把握の実施など，保護者との連携協力が重要である。

　個別の教育支援計画は，一人一人の支援の計画であり，教育関係者のみならず，必要に応じて，福祉・医療などの関係者と共に作成する。また，保護者も参画することになる。

　校外の専門家による巡回相談は，校内の教職員だけでは解決できないような内容や，他の専門的な知見が必要な場合等に活用される。

　専門家チームによる支援は，校内の特別支援教育に関する委員会における，子どもの実態把握や見立て，それに基づく指導・支援の計画や実施の経過等について，より専門的に助言を得るために活用される。

　このような，支援体制の整備が，全国の幼稚園，小中学校，高等学校において着実に進んでいる。文部科学省は，これらの支援体制整備の状況を，毎年，全都道府県に調査を実施し，結果を都道府県別に公表している（文部科学省のWebサイトを参照のこと）。

　さらに，特に小中学校では，通級による指導（通級指導教室）や特別支援学級が設置されていて，通常学級における配慮した指導・支援だけでは十分ではない子どもに，特別の教育課程を編成するなどして，一人一人のより個に応じた指導・支援が行われている。なお，この制度は，幼稚園や高等学校にはない。

法的整備
　発達障害に係る教育関連法律の中から，学校教育法と発達障害者支援法について，解説する。
学校教育法
　この法律では，特別支援教育についての基本的で全体的な記載がなされている。なお，障害のある者の教育についての記述は，教育基本法の「教育の機会均等」の条文に記載がある。この法律では，就学の制度，特別支援学校

に入学することが可能な者の障害の種類と状態，小中学校に設置される特別支援学級や通級による指導の教育課程や対象障害の規定などが記載されている。なお，ここで言う「本法律」とは，同法の施行令や施行規則も含めての総称とする。

発達障害者支援法

　この法律では，発達障害や発達障害者の定義，発達支援の定義などからはじまり，幼稚園から，小・中学校，高等学校，大学に至るまでの教育機関における教育について記述されている。したがって，本法律は，発達障害のある子どもの教育の明確な法的根拠となっている。

障害者基本法

　この法律では，教育に関する条文において，障害のある子とない子ができる限り共に学ぶ機会を確保することの重要性が述べられている。

Ⅳ　発達障害の教育的対応の実際

　現在，学校教育における発達障害のある子どもへの対応は，実に多様である。それは，子ども一人一人の多様な教育的ニーズに応えようとすることが背景にある。

　小中学校においては，通常学級における指導・支援の工夫の他，通級による指導や特別支援学級といった制度があり，このことが，発達障害への対応の充実に繋がっている。

　障害のある子どもの教育においては，その子どもに知的障害があるかどうかが重要である。知的障害のない発達障害の子どもは，基本的には，通常の学級に在籍することになる。

通常学級における指導

　各教科等のすべての教科等を，他の児童生徒と共に学ぶことにある。そのために，発達障害のある子どもが学級にいるという前提で，日々の授業をどのように工夫すればよいかがポイントとなる。近年，ユニバーサルデザインの授業とか，授業ユニバーサルデザイン等と呼ばれて，取り組みがなされて

表6-3 幼児児童生徒の就学状況(文部科学省 特別支援教育資料(平成25年度))

	義務教育段階 (小・中)	幼児児童生徒全体 (幼・小・中・高)	
総 数	10,300,120 人 (100.0%)	15,279,148 人 (100.0%)	
特別支援学校在学者	67,173 (0.7%)	132,570 (a) (0.9%)	特別支援教育を受けている者 (a + b + c) 385,333 人 (2.5%)
特別支援学級在籍者	174,881 (1.7%)	174,881 (b) (1.1%)	
通級による指導を受けている者	77,882 (0.8%)	77,882 (c) (0.5%)	
病弱・発育不完全により就学猶予・免除を受けている者	42 人 (0.0004%)		
(内訳) 　病弱・発育不完全 (参考) 上記以外で就学猶予・ 　　　免除を受けている者 　　　児童自立支援施設又は 　　　少年院にいるため 　　　重国籍のため 　　　その他	42 人 39 2,904 587		

※特別支援学校在学者及び特別支援学級在籍者の数は，国・公・私立の合計。通級による指導を受けている者の数は，公立のみ。
※総数は，国・公・私立及び就学猶予・免除者の合計。

いることもそれである。さらに，米国で開発され，学習上のつまずきが顕著になってから，対応を始めるのではなく，予防的な視点からも，指導の当初から，子どもの学びやつまずきの状況を丁寧に見ていこうとする方法（RTI：Response to intervention/instruction）も近年，研究や実践がなされてきている。

通級による指導

　通常学級に在籍している子どもで，通常学級での指導のみでは，他の子どもと同様の学びが困難な場合，別の教室（通級指導教室）で指導を受ける仕組みがある。そこでは，特別支援学校の学習指導要領を参考にした，「特別の教育課程」が編成され，個別指導や小集団指導などが行われ，その時間に

なると，在籍する通常学級からその場所に移動して，指導を受けることになる。通級による指導は，自校通級，他校通級，そして，教師がその子どものいる学校に出向いて指導する巡回指導の3つのタイプがある。また，知的障害のない発達障害の子どもはその対象だが，知的障害の子どもは，対象ではない。指導は，個別の指導計画に沿って，展開される。

特別支援学級における指導

障害等の状態等によって，通常学級ではなく，特別支援学級に在籍して指導を受けることも可能である。特別支援学級では，特別支援学校の学習指導要領を参考に「特別の教育課程」を編成し，より個に応じた指導が行われる。障害種別に学級が編成され，自閉症・情緒障害の特別支援学級もある。教科別の指導の他，児童生徒の実態によっては，領域・教科を併せた指導も行われる。指導は，個別の指導計画に沿って，展開される。さらに，「交流及び共同学習」という名称で，障害のある子とない子が共に学ぶ機会が積極的に設けられ，取り組みが進んでいる。

さらに，特に就学前の段階においては，幼稚園，保育所，そして，認定子ども園といった，管轄も違う複数の施設が併存しており，それらが密接な連携を持ち始めている（柘植，2014）。

V　発達障害の教育的対応の課題

特別支援教育の今後の課題として，10点をすでに示している（柘植，2013c）。
(1) 理念と基本的な考えの問題
(2) 対象と範囲の問題
(3) 2E 教育の問題
(4) 個に応じた指導・支援，教育課程，指導の質の問題
(5) 通級による指導と特別支援学級のあり方の問題
(6) 教員の養成，専門性，学歴，免許制度の問題
(7) 本人，保護者，家族の参画のあり方の問題
(8) 投資と費用対効果の問題

(9) 評価の問題
(10) 理解推進と広報・普及の問題

　これらのほとんどは，実は，発達障害への教育的対応の課題とも重なるものであり，発達障害の教育的対応の課題そのものが，実は，特別支援教育の今日的課題に通じていると考えられる（柘植，2013d）。

Ⅵ　インクルーシブ教育システム構築の時代の中で

　教育の分野においては，「インクルーシブ教育システム構築」（中央教育審議会，2012 年）に向けた取り組みが始まっている。特に，「合理的配慮」と「基礎的環境整備」という新たな概念での整理と対応が，国のモデル事業などを通して，2013 年度から始まっている。国立特別支援教育総合研究所では，その成果をデータベース化し，順次，Web サイトでの公表が始まっている。
　これらの背景には，国連の障害者権利条約の採択と，わが国の批准（2014 年 2 月）があり，その準備として，2014 年 6 月には，障害者差別解消法が成立している。施行は，2016 年 4 月である。この法律の中で，障害による差別の禁止と共に，合理的配慮の不提供の禁止が盛り込まれた。したがって，2016 年 4 月の施行により，教育分野における取り組みに，いよいよ拍車がかかってきている（柘植，2013e, 2013f）。

おわりに

　2001 年以降から始まり，やがて制度化され，今日に至っている，新たな特別支援教育への転換という大きなパラダイムチェンジの中で，その最も大きな話題の一つとして示されたのが，知的障害のない発達障害の子どもへの教育であった。つまり，従来の特殊教育から新たな特別支援教育への転換の，最も特徴的な事項として扱われたのが知的障害のない発達障害であったのである。欧米やアジアのいくつかの国々と比べて，その教育的な制度化や学校における具体的な対応が遅れてしまったが，2001 年以降，今日に至るまでにその理解啓発や，体制整備，教職員の専門性の確保，そして，法的整備と，

発達障害の教育に係る分野は，急速に成長し，整っていった．その一方で，課題として残ったままの事項や，新たに生じてきた課題もあり，今後，さらなる充実が求められる．

文　献

文部科学省（2012）「通常の学級に在籍する発達障害の可能性のある特別な教育的支援を必要とする児童生徒に関する調査」調査結果．

柘植雅義（2002）学習障害（LD）─理解とサポートのために．（中公新書）中央公論新社．

柘植雅義（2013a）発達障害の実態を探るための一般母集団を対象とした大規模調査の可能性と限界─文部科学省調査（2012）後に求められる調査とは．LD研究 22（4）；399-405．

柘植雅義（2013b）「教育・学校」における誤解と偏見─特別支援教育の責務と共生社会の実現．特集：自閉症スペクトラム障害の誤解と偏見．精神療法 39（3）；61-65．

柘植雅義（2013c）特別支援教育─多様なニーズの挑戦．（中公新書）中央公論新社．

柘植雅義（2013d）特別支援教育の現状と課題─成熟と未成熟を確かに見極めて．教育展望 9月号．

柘植雅義（2013e）子どもを科学的に捉えて─インクルーシブ教育システム構築の行方．日本教育新聞 3月25日号．

柘植雅義（2013f）特別支援教育のこれから．月刊福祉 10月号．

柘植雅義（2014）就学前の発達障害のある子供への支援の現状と工夫．教育と医学 732；4-11．

Wright P, Wright P & O'Connor S（2010）All About IEPs? Answers to Frequently Asked Questions About IEPs-. Harbor House Law Press, Virginia, USA.（柘植雅義・緒方明子・佐藤克敏監訳（2012）アメリカのIEP（個別の教育プログラム）─障害のある子ども・親・学校・行政をつなぐツール．中央法規）

第7章

発達障害と就労

小川　浩

はじめに

　近年，発達障害者の就労支援ニーズが拡大している。中でも通常教育のみを経験し，高等教育から職業生活への移行期，あるいは就職した後に不適応を起こした人の就労支援ニーズはここ数年急速に増加している。発達障害の特性が薄く知的能力に問題がない場合，学校教育や相談場面だけで，その人が将来職業生活に適応できるか否かを予測することは難しい。一般に，本人も家族も通常の職場でやっていけることを期待しがちだが，通常の職場は高い生産性が求められるため，発達障害のある人は不適応を起こすリスクが高い。さらに就労の失敗によって，二次的な精神症状を呈したり，社会的な引きこもりにつながることも少なくない。

　就労の成否には，職業能力，コミュニケーション能力等の本人の要因に加え，通常雇用，障害者雇用，正規社員，非正規社員など，就労の形態や条件などの環境要因も大きく影響する。どのような就労を目指すかは，成人期の自己意識に重なる部分であり，幼少期からの親や教師等による期待，課題設定とも無縁ではない。「発達特性を克服すべき」という養育・教育環境と，「発達特性に合った生き方を」という養育・教育環境では，当然，目標の幅広さや柔軟性が変わってくる。成人期になって就労がうまくいかないからと，急に障害者雇用を選択しても問題はすぐには解決しない。自己像や目標を修正するプロセスは多くの葛藤を伴うため，就労の安定には時間がかかる。したがって，発達障害者の就労問題は，成人期に就労支援機関だけが対応すべきことではなく，ライフステージ全体でその人に合った目標設定ができるよう，

関係機関が情報共有することが重要である。

このような問題を背景に、本章では発達障害に関わる多様な専門職が、成人期の就労に関わる課題を共有できるよう、発達障害の就労実態、障害者雇用と通常雇用の違い、職場で予想される問題、支援機関の特徴、就労支援のプロセスなどについて概説する。

I 発達障害者の就労状況

発達障害の話題に入る前に、まず、障害者雇用全体の状況を確認したい。わが国では障害者雇用促進法の下、平成30年4月の時点で、身体障害、知的障害、精神障害の手帳所持者を対象に、民間企業は2.2％、行政機関には2.5％の法定雇用率が設定されている。発達障害固有の分類はなく、療育手帳を所持している場合は知的障害、精神保健福祉手帳を所持している場合は精神障害として雇用率に算定される。民間企業の実雇用率は1.97％（平成29年6月）と過去最高を記録しており、全体として障害者雇用は順調に進んでいる。ただし企業規模別に見ると、従業員規模1,000人以上、および500人以上1,000人未満が全体を引き上げており、中小企業の障害者雇用は低迷している（図7-1）（厚生労働省，2017a）。

次にハローワークでの求職・就職者数を障害種別に見ると（図7-2、図7-3）、過去10年間、精神障害は顕著に伸びており、平成28年度には精神障害の求職者数は85,926人。就職者数は41,367人で、就労支援の対象者の中で精神障害が大きな割合を占めていることが分かる（厚生労働省，2017b）。統計上は精神障害に包括されるため発達障害に絞った実数把握は困難だが、こうした精神障害の急増の背景に、精神保健福祉手帳を取得する発達障害者の増加があると考えられる。

制度面から要因を探ると、平成16年に発達障害者支援法施行、そして平成17年に障害者雇用促進法が改正され、身体障害と知的障害に加え精神保健福祉手帳が雇用率算定の対象となった。この2つの法律により、職場で不適応状態にある人が自らの発達障害に気づくようになり、さらに診断を受けた人が精神保健福祉手帳を取得して障害者雇用を選択する流れが生まれ、

第 7 章　発達障害と就労　　103

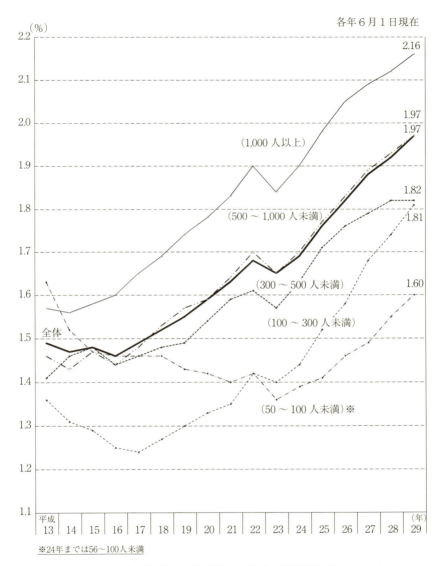

図 7-1　企業規模別の実雇用率の推移（厚生労働省，2017a）

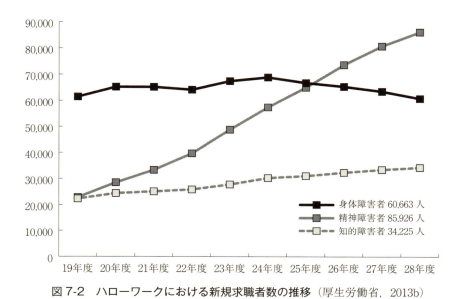

図7-2　ハローワークにおける新規求職者数の推移（厚生労働省，2013b）

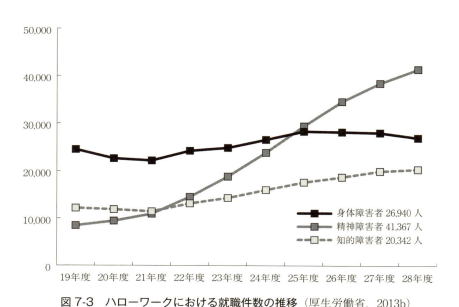

図7-3　ハローワークにおける就職件数の推移（厚生労働省，2013b）

徐々に拡大していった。一方，雇用者側についても，特に都市部の大企業では身体障害や知的障害のみで雇用率を達成することが難しい状況となっており，精神障害や発達障害の雇用に関心を示す企業が増えてきている。こうした企業の姿勢の変化，就職機会の拡大が，就職を目指す精神障害者を掘り起こす要因にもなっている。全体としては精神障害者の雇用に二の足を踏む企業も多いが，平成30年の精神障害者雇用義務化と，それに伴う雇用率の引き上げによって，今後しばらく企業は精神障害，発達障害の雇用に積極姿勢を示すことが予想される。

発達障害者の就労実態に関する情報は限られているが，小川（2008）の調査では，発達障害者支援センター等の利用者のうち就労者は4割弱に過ぎず，就労者のうち非正規雇用が全体の7割を占め，月収15万円未満が7割以上と報告されている。また志賀ら（2009）の調査でも，発達障害者支援センター利用者のうち就労群は約3割にとどまり，同年代の正社員と同様の収入を得ている者は全調査対象の7％，就業しているものの年収200万円未満が19％，年収60万円未満が5％と報告されている（志賀・武井，2009）。一口に発達障害者の就労実態と言っても，診断を受けていないグレーゾーンの人，診断はあるが手帳を取得していない人，すでに手帳を取得している人等によって就労状況は異なることが予想されるが，いずれにしても発達障害者の就労の現状は厳しい。

II　多様な就労形態と障害者雇用

発達障害のある人の就労には，図7-4に示すようにさまざまな形態がある（小川，2014）。ここでは参考までに，それぞれの就労形態の特徴を考えてみたい。

「一般の職場での通常の雇用」は，一般の職場で診断や手帳を周囲に知らせずに働くことを意味する。障害を開示しない，いわゆる「クローズド」の就労であるため，雇用主が障害への配慮を行うことは難しい。就労支援機関も職場に介入できないため，面接を通して職場での状況を把握し，助言を行う程度しかできない。正社員で「一般の職場での通常雇用」を目指す発達障

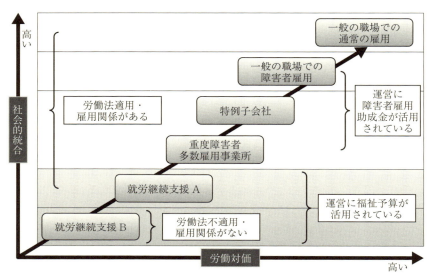

図7-4　多様な就労形態（小川, 2014）

害者は多いが，就職活動で挫折したり，就職できても早期離職に至ることが少なくない。

　次の段階は「一般の職場での障害者雇用」で，障害者手帳を使って一般の職場で働くことを意味する。障害を開示しているのである程度の配慮は期待できるが，通常の職場であるため一定の限界があることは否めない。就労支援機関は雇用主と連携して支援を行うことができ，本人と職場が望めばジョブコーチが職場で支援することも可能である。また各種助成金等の活用も可能となり，雇用率のカウントと合わせて，雇用主にとってのメリットとなる。一方，本人にとっては，障害者雇用で働くことで周囲に障害を知らせることの心理的抵抗は大きい。それが障害者雇用の選択に際して壁となり，また一旦選択した後も心理的抵抗と負担が長引くこともある。障害の理解と受容は相談場面だけでできるのではなく，実際に働きながら葛藤を重ねて徐々にできるものである。

　「特例子会社」や「重度障害者多数雇用事業所」は障害者雇用を前提としているため，物理的環境，仕事の内容，指導者の配置などに関して手厚い配

慮を期待できる。平成29年6月現在，特例子会社は全国に464社，全国重度障害者雇用事業所協会の会員事業所は324社ある。障害への配慮が得られる反面，発達障害のある人の抵抗感も大きくなる可能性がある。従来は身体障害や知的障害中心の所がほとんどであったが，最近では精神障害，発達障害に焦点を当てた事業所も誕生している。雰囲気や仕事内容が本人に合うかどうか，個別に検討することが必要である。

「就労継続支援A型」や「就労継続支援B型」は障害者総合支援法に基づく障害福祉サービスであり，利用には障害の認識と受容が必要である。最近，精神障害を主たる対象とした就労継続支援A型も多くなっており，通常雇用と福祉的就労の中間ステップとしてA型を活用する人も増えてきている。就労継続支援A型やB型の選択に際しては，障害者就業・生活支援センターや相談支援事業等，福祉関係の社会資源に精通した機関の助言を受けることが必要である。

以上，4つのレベルで就労形態を考えてきたが，さらに考慮すべき要素は，正規雇用と非正規雇用などの雇用条件の違いである。一般就労を目指す場合，いわゆる「正社員」を希望するのが一般的であるが，正社員は雇用契約に期間の定めがない分，組織の中核人材としての総合力と成長性が期待され，採用のハードルは高い。仮に採用は突破できたとしても，働き始めた後，要求水準の高さで不適応を起こすリスクも高くなる。障害者雇用でも，正社員，契約社員など雇用条件は会社によって異なる。このように，一口に就労といっても，複雑な要素を判断してマッチングを見極める必要があり，発達障害の人が単独で就職活動を行うことはリスクを伴う。後に述べるハローワーク，障害者就業・支援センター，相談支援事業等との連携が大切である。また，発達障害者にとって重要なポイントは，「自己の能力を活かし自尊心を保つこと」と「障害特性への配慮を受けること」，2つのバランスを取ることである。両者のバランスが取れた職場を見つけることは容易ではなく，最終的には妥協と折り合いが必要である。それに至る葛藤のプロセスを伴走し，相談を受けることが就労支援の重要な役割といえる。

III 就労支援のプロセス

　発達障害の場合，本人が独自に就職活動をしたり，就労支援機関の相談やアセスメントが不十分であるため，ミスマッチで就職につながってしまう例が多い。残念ながらそうした事例の職場定着には課題が多く，定着支援に多大な労力を要している。ここでは，相談からフォローアップに至る基本的な就労支援プロセスを押さえておきたい。

1．就労相談

　発達障害に関わる就労相談は，さまざまな機関においてさまざまな主訴で行われる。就労相談機関は，本人や福祉・医療関係者にとって特徴が分かり難く，就労相談機関の判断の誤りで早過ぎる就職につながってしまったり，逆に，タイムリーな就職機会を逃す原因になることもある。ここではいくつかの就労相談の窓口について，その特徴を整理しておきたい。

　雇用就労に向けた準備性が整っていて，早期に就職活動を始めたい場合はハローワークが適当である。障害者雇用でない場合は一般窓口，障害者雇用は専門援助部門が担当となる。一般窓口でも，発達障害の疑いがある場合，発達障害に関する研修を受けた「就職支援ナビゲーター」が配置されている所もあるので事前に確認すると良い。すぐ就職活動を始めるには不安が大きく，評価や訓練も含めて相談したい場合は，ハローワークを使う前に障害者職業センター，障害者就業・生活支援センター，市町村の就労支援センターに相談することを勧める。その中でも，雇用就労に向けた意欲と準備性が高い場合は障害者職業センター。福祉的就労も視野に入れた相談は障害者就業・生活支援センターや市区町村就労支援センター。さらに曖昧な進路相談，生活面の相談，診断や手帳の取得，就労移行支援事業や就労継続支援事業A型・B型の利用などに関しては，発達障害者支援センターや相談支援事業から始めることが適当である。発達障害の疑いはあっても障害者として扱われることへの心理的抵抗感が大きい場合は，ニート対策事業である若者サポートステーションを勧める。地域若者サポートステーションは，平成29年現在，

全国に 173 カ所設置されており，相談，実習機会等の提供，職業スキル訓練など，さまざまな事業を行っている。

2. 就労移行支援事業

　発達障害の就労支援においては本人の自己理解が鍵となる。自己の職業能力，苦手分野，コミュニケーションや社会性の特徴などを理解し，仕事で要求される能力等と擦り合せることがジョブマッチングには不可欠である。しかし発達障害者の場合，自分の特性と仕事で要求される能力を比較検討することが苦手なことが多い。したがって相談場面では，「鉄道が好きだから鉄道業に就職すると短絡的に結び付ける」「給料は 30 万円以上と非現実基準で考える」等のさまざまな問題が上がり，面談では修正が困難なこともある。本人なりの理由やこだわりを否定しても成果が上がり難く，基本的な信頼関係さえも損なってしまうことがある。時間はかかっても，具体的な作業や実習等の経験を通して本人の自己理解を助け，何故難しいのか，何故失敗が多いのか等について気付き，納得してもらう機会が必要である。

　このような準備支援を行う機関として近年発展しているのが，障害者総合支援法に基づく「就労移行支援事業」である。原則 2 年間の有期限で，就職に向けた評価，準備訓練，職場実習，就職活動支援などを提供する。従来は知的障害を対象にしている所が多かったが，最近では，精神障害や発達障害を対象とした就労移行支援事業も増えており，パソコン等の OA 系業務，SST 等のコミュニケーションスキル訓練，障害理解のプログラム等を持っているところもある。雰囲気や提供される内容は事業所によって多彩である。設置主体は，社会福祉法人，医療法人，NPO，企業などさまざまであり，内容も玉石混交であるため，地域の事情に精通した相談支援事業や障害者就業・生活支援センターと相談して利用を検討することを勧める。

3. 就職活動の支援

　実際の就職活動は，就労支援機関から支援を受ける場合，本人単独で行う場合，さらには通常雇用と障害者雇用によっても方策が大きく異なる。通常雇用で就職を目指す場合は，競争的環境での選考になるので支援可能な範囲

は限定される。ハローワークとの連携の下,地域若者サポートステーション,発達障害者支援センター,障害者就業・生活支援センター等で,求人票を一緒に読んで検討したり,履歴書の書き方,面接の練習などを行う。

　障害者雇用を目指す場合は,障害者職業センター,障害者就業・生活支援センター,市区町村の就労支援センター等が,ハローワークと連携して支援を行うことが一般的である。企業は障害者雇用での採用にあたって,雇用後に就労支援機関によるサポートを必要とするため,本人に就労支援機関が付いているかどうかを重視する傾向がある。障害者雇用を選択したならば,本人単独での就職活動は避けて,何らかの就労支援機関のサポートを受けた方が,本人だけでなく企業にとっても安心感がある。また最近では,本人がインターネット等を通じて有料職業紹介業を活用する例も増えてきている。有料職業紹介の場合,情報量やマッチング技術が優れていることもあるが,地域の福祉関係機関とのネットワークが弱い場合もある。本人がどのようなサービスを重視するかによって選択すると良い。

　障害者雇用の場合,就労支援機関が企業と調整して,採用プロセスで実習が行われることがある。1週間程度の短期実習や,雇用契約を結んで3カ月程度の試行的雇用を行う「トライアル雇用制度」を活用する企業も多い。発達障害の場合,本採用の前に実際の職場体験をしておくことが重要である。認知面の障害は,教育や訓練の場面では問題が無いように見えても,実際の職場で仕事を経験すると明らかになってくることが少なくない。本物の緊張感,人間関係,心理的プレッシャーの下で認知面の問題がどのように表れるかを確認したり,ストレス耐久性やストレスサインを見極めておくことが,その後の支援において役に立つ。一方,面接だけで採用が決まる場合もあるが,本人にとっては負担が少ない反面,本当の職場での状況把握ができていないため,ミスマッチが起こる可能性は高くなる。本人は早く採用が決まることを望みがちだが,就労支援機関に登録し,就労移行支援事業等でのアセスメントを経て,実習でマッチングを確認してから就職することが理想的である。

4. 職場適応支援

　就職してから1〜3カ月程度の職場適応期に，発達障害者は新たな環境の下でさまざまな困難に直面する。就職活動から職場適応の時期に，支援者が職場に入って障害者と企業の間で調整を行えるかどうかは，その後の就労の安定に大きく影響する。障害者雇用であれば，障害者職業センター，障害者就業・生活支援センター，市区町村の就労支援センター等が，職場の担当者と連絡調整することが可能であり，必要に応じてジョブコーチが1〜3カ月程度職場に入って支援する場合もある。ジョブコーチを活用する際には，障害者職業センター，ハローワーク，またはジョブコーチを配置している就労移行支援事業に申し込む。ジョブコーチ支援では本人との信頼関係が重要であり，またジョブマッチングに向けて障害特性や職場のアセスメント情報を入手しておくことが必要である。したがって，ジョブコーチは場当たり的に導入するのではなく，個別支援計画にあらかじめ位置付けておくことが望ましい。本人と支援者側では支援の必要性について見解が異なることがあるため，ジョブコーチを導入する際に本人の納得が不可欠である。体験実習等で支援が必要な理由を明らかにし，ジョブコーチが入ることで本人にどのようなメリットがあるかを分かりやすく説明することが重要である。

　ジョブコーチというと側に付き添って仕事を教えるイメージが強いが，発達障害のジョブコーチ支援では本人への直接支援よりも，本人と職場環境をアセスメントして調整を行うことが重要になる。たとえば，認知面の問題が仕事にどのように影響するか，ストレス要因は何か，問題が出そうな人間関係はどこか，ストレスや困難をどのように上司や同僚に伝えられるか，等々について把握し，働きやすい環境調整を行うことが重要である。ジョブコーチ支援で得られた情報は，そのままフォローアップにも生かされる。フォローアップで，問題が起きていないかを漠然と聞き取るのではなく，問題が起きそうなポイントに焦点を当て，集中的に情報収集ができるからだ。

Ⅳ　現場で生じる問題とその支援

　発達障害者が職場でどのような問題を抱えるのか，どのような経験をする

ことが多いかについて考えていきたい。発達障害者の就労上の課題はコミュニケーションと社会性に焦点が当てられるが，以下で述べるように，より広範囲な問題を想定しておく必要がある。

1. 職務遂行上の問題

　短期記憶，注意，課題の同時処理，情報の総合化など，認知面の問題に起因して仕事上の問題が生じやすい。たとえば，仕事を覚えられない，仕事が遅い，うっかりミスが多い，メモを取れない，勘違いをする，報告が散漫で要領を得ない等々である。「あくび」「ボーっとした態度」「集中力の欠如」などは，仕事に対する基本姿勢，社会性の問題と捉えられがちだが，認知面の問題と職務のミスマッチが影響していることがある。仕事で要求される能力と本人の発達特性を把握し，認知機能による困難がないか確認することが必要である。

　たとえば，簡単なパソコンの入力を取り上げても，データを見てキーボードを打つには短期記憶，周囲の刺激をブロックするには注意の選択と切り替え，長時間の仕事では注意の持続力が必要となる。さらに複数の仕事をこなすには，時間の見積もりと計画，優先順位の判断等，情報の総合化も必要である。認知面の能力に凸凹があるとミスを頻発したり，仕事が遅い，疲れやすいなどの問題として表われるが，本人，企業，支援者共に原因に気づかないことがある。「もっと集中して」「もっと真剣に」「もっと早く」などの注意をしても効果的ではなく，感情的な軋轢が生じることがある。データを読む行に定規を当てる，データをパソコンに近づけ照合しやすくする，仕事場所を静かな所に変更する，一度に与える仕事を単一にする，休憩時間を分散して頻度を増やす等，認知機能の弱さを補う工夫をすることが重要である。眠気や疲れやすさは，慣れない場面，緊張の強い時に顕著になるが，職場に慣れるにつれて改善される可能性がある。「あくびは口に手を当てて目立たないように」等の行動面の助言と共に，休憩の取り方，リラックスの仕方などをアドバイスする。何より，ジョブコーチ等が職場に介入し，具体的な配慮の方法について助言して職場環境を調整することが重要である。

2. コミュニケーションや社会性の問題

　特に職場適応の初期には，コミュニケーション能力や社会性の不足から，先輩・上司より先に帰ってしまう，来客に失礼な態度を取る，報告・連絡・相談ができない，言葉遣いが不適切，身だしなみがTPOに合わない等，さまざまな問題が発生する。日々の基本的なことは経験を通して学習することができるが，複雑で応用が必要になると，自分の態度・言動と周囲の反応の相関関係が理解できないため，具体的で直接的な指導が必要となる。学校等の教育的環境と異なり，一般に職場での指導，指摘は厳しくなりがちである。時には否定的な言葉を伴うこともあるため，発達障害のある人は人格を否定をされたような心理的ダメージを受け，さらに「この行動で良いのか？」「失礼をしていないか？」等，自分の仕事や行動に関して過度に自信を失ってしまう。緊張と自己肯定感の低さが日常的に続くことによって，うつ状態など二次的な精神症状が生じてしまう場合もある。

　発達障害の特性が薄い場合でも，会議で上司の意見を論破してしまう，表情や言葉遣いが攻撃的で敵を作りやすい，多人数の会話に入れないので孤立する，身だしなみや化粧が独特で浮いてしまう，など微妙な問題が生じやすい。もっとも影響が深刻なのは仕事に直結する問題であり，特にミスや失敗に起因するコミュニケーションの問題である。たとえば，ミスを指摘されても言い訳が先立って謝罪できない，謝罪しても表情や態度が伴わない，助言を受け入れてやり方を修正できない，報告，連絡，相談ができず同じミスを繰り返す，報告が散漫なので質問攻めになってしまう，等々の状況である。このような細かいコミュニケーションや社会性の問題は，すべてを予防することは困難である。こうした問題を浮き立たせないためにも，ジョブコーチ等が介入してジョブマッチングを適切に行い，仕事を堅実に行えるよう支援すると共に，周囲の従業員に特性を説明して理解を引き出すことが必要である。

3. こだわり

　表面上は強いこだわりは無いように見えても，仕事の進め方の堅さ，柔軟性の乏しさが問題になることも少なくない。実際の職場では，仕事にかける

時間，労力，コストは自分が決めるのではなく上司の指示で決まることが多い。これに対して，こだわりの強い発達障害の人は，必要以上に丁寧，時間をかけ過ぎる，やり方を変更できない，規則に縛られて「適当」を許せない，等の問題を抱えることがある。たとえば，「今日は急ぐから適当にやって」などの指示に対応できなかったり，「規則に反する」と反論してしまうことさえある。こうした堅実さや安定性を公文書のチェック，IT系の定型作業に生かした雇用事例もあるが，一般には発達障害の特性は理解され難く，人間関係の問題に発展しがちである。知的障害者の場合は，これらの問題は「堅実さ」や「真面目さ」としてプラスに評価されるが，発達障害者の場合は，障害が分かり難いため，より高度な柔軟さや臨機応変が求められてしまう。一般には，障害特性ではなく，「性格の堅さ」や「指示に対する反抗」と受け取られてしまうため，ジョブコーチ等が周囲の従業員に特性を説明して，理解を求めることが必要である。

4. 自己評価と周囲からの評価の乖離

自分がどの程度仕事ができているか，会社からどのように評価され，どのように貢献できているかについての自己意識と，現実との乖離が大きいことがある。能力のアンバランスから，自身の強みを発揮できずに不満感が蓄積されていることもあるので注意したい。また，周囲の態度や言葉を誤解して受け取ってしまい，否定的に受け止めていたり，逆に過剰に肯定的に理解していることもあるため，ジョブコーチ等が間に入って通訳的な役割を行うことが重要である。発達障害者の場合，「できて当たり前」「評価していることは分かっているはず」等の前提は成り立ちにくい。仕事に対する肯定的評価は意図的に明確に伝え，逆に，修正すべき点ははっきり指導することが必要である。自分の仕事が会社に役に立っていること，自分が肯定されていることを確認できることが，働くモチベーションにつながる。

おわりに

発達障害者の就労支援は個別性が高く，考慮すべき変数があまりに複雑で

ある。障害者雇用か通常雇用か，どのような仕事か，会社の規模や雰囲気は，正規社員か非正規社員か，収入はどれくらいか，等々上げれば切りがない。発達障害のある人は，複雑過ぎる変数に囲まれ，焦りや孤立感を抱えながら，自分に適した職場探しに立ち向かわなければならない。特に，成人期になって発達障害に気づいた人の場合，それまでに抱いていた自己像，職業イメージと，向き合わなければならない現実との差はあまりに大きい。短期間で自分に合った働き方，自分に合った職場を見つけられなくとも当然である。数年，場合によっては一生かけて，折り合いを付けていかなければならず，それには多大な困難や葛藤が伴う。発達障害の就労支援に携わる人は，その困難さを理解しておかなければならない。就労支援でもっとも重要な役割は，長いプロセスを伴走し，必要なタイミングで相談に乗って，仕事を辞めるのを思いとどまらせたり，時には転職に賛成したりして，気長に支えることである。公的に言えば，どの支援機関にも当てはまらない役割ではあるが，節目節目で誰かが見守り役，相談役となることが重要である。

文　献

厚生労働省（2017a）平成 29 年障害者雇用状況の集計結果．厚生労働省職業安定局高齢・障害者雇用対策部障害者雇用対策課．

厚生労働省（2017b）平成 28 年度障害者の職業紹介状況等．厚生労働省職業安定局高齢・障害者雇用対策部障害者雇用対策課．

小川浩（2008）発達障害者の就労相談ガイドブックの作成．（市川宏伸）厚生労働科学研究費補助金・発達障害者（広汎性発達障害，ADHD，LD 等）に関わる実態把握と効果的な発達支援手法の開発に関する研究．

小川浩（2013）発達障害のある人の就労上の課題．就労移行支援事業所のための発達障害のある人の就労支援マニュアル（平成 24 年度厚生労働省障害者総合福祉推進事業）．pp.2-5．社会福祉法人横浜やまびこの里．

小川浩（2014）平成 26 年度 JC-NET ジョブコーチ養成研修講義テキスト．pp.10．NPO 法人ジョブコーチ・ネットワーク．

志賀利一・武井光（2009）発達障害者支援センターと他の福祉・就労支援分野との連携についての研究．（近藤直司）厚生労働科学研究補助金・青年期・成人期の発達障害者に対する支援の現状把握と効果的なネットワーク支援についてのガイドライン作成に関する研究．

第8章
発達障害と虐待・ひきこもり

田中　哲

はじめに

　本章では，『虐待』ないし『ひきこもり』といった社会現象あるいは家族病理を，発達障害文脈の中で扱おうとしている。すなわちそれは，『発達障害』を社会現象あるいは家族病理として解読し直すという課題であるとともに，『虐待』や『ひきこもり』を発達病理の観点から理解しようとする課題をも意味していることになる。これらの課題が含むことになる内容は膨大で，分量的にも筆者の力量的にもこのような論考で扱いきれる限界を超えている。ここでは，筆者がこれらの課題を統一的に扱いうると考える臨床的なプラットフォームを一つのモデルとして紹介し，それをベースにして発想される支援の可能性を提案することで，この任を果たしたいと思う。

　それとともに，本章は次のような臨床的な疑問にも答えを用意できるものでなくてはならないと考えている。すなわち，「発達障害の子どもたちはひきこもりになりやすいのか」また逆に，「ひきこもりの青年の中に，発達障害がある者がどの程度含まれているのか」。さらに，「発達障害と愛着障害は厳密に鑑別できるのか，重複がありうるのか」。また，「発達障害ないし不適切な養育を受けた経験がある親の養育下で，子どもの発達障害は起こりうるのか，ひきこもりはどうか」，またさらに「虐待や発達障害，ときにはひきこもりが混然とした家庭に対する有効な支援策とは何か」，「虐待被害・発達障害・ひきこもりが疑われる事例に対する精神療法の可能性はあるか」，「養育に困難をきたす保護者に対する支援はどの視点から行われるべきか」等々である。

通常これらの問題はそれぞれが異なる次元と専門性に属する課題であるため，具体的な解決策が見えてくるような議論にはなりにくい。このためにもここで提案する発達モデルによって，阻害されることの少ない精神発達のアウトラインがどのようなものであるのかを素描し，そのモデルとの関連から今回扱う現象や前述の臨床的な疑問がどのように見えるかを再考する，という順番で論を進めたい。

I 人の精神発達の基本構造

人の身体の機能と成長を根底から支え，表面からは見えないところで身体的な全体像に明瞭な輪郭と特徴を与えるものが『骨格』であるとすると，人が精神的に発達をとげる上での基本的な骨格に相当するものは何か。

結論に至る検討の過程をここでは省略せざるを得ないが，今回の論考課題を扱う上で落とすことができない発達の軸として，『社会性と対人行動』『自尊感情と自己受容』そして『自己統制による心理的な安定』を取り上げておくことにする。図8-1はこの3つの発達軸の関係を模式的に表している。

『社会性と対人行動』という発達軸は，人が身を置く環境の展開に沿っている。通常それは，養育者への依存的な関係に端を発し，親密さが保障されている関係の中へと展開し，（学校などの）構造化された集団への適応を果たして，その中で特殊な個別の関係を発展させつつ一般社会への適応を準備するという過程をたどる。こうした「身を置く場」の展開を可能にしているものは，それに見合うその人の社会性の進展である。すなわち，養育者との間で自らに対して肯定的な関係性を覚知できなければ，親密さが保障されている集団への適応も可能にはならない。また親密な集団内で他者の行動に関心をいだきそれを取り込もうとすることなしには，構造化された集団への適応はあり得ない。またこのような意味での集団適応がなければ，その中で自分にとって特別の意味をもつ他者と遭遇することは難しいし，そのような他者を通じての自己確認がなければ，一般社会という自分を受け入れてくれる保障がない世界への適応は考えられないのである。

つまりこの軸の意味するものは『家庭』という，自らの存在根拠を無前提

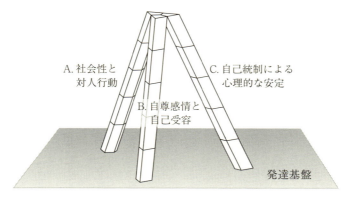

図 8-1　三本の柱の立ち上がり

に保障されている場に生まれた個人が，『社会』というまったく存在根拠の保障のない環境と関係性の中を生きることができるようになるまでの，内的な歩みである。

　また，『自尊感情と自己受容』という発達軸は，人としての自己覚知ないし自己認知に根拠を置く。絶対的な依存関係の中にある乳児は，完全に無力であるがゆえに，自分の存在そのものが肯定されているという感覚に依拠する他なく，またこの感覚があるからこそ，挫折の可能性に満ちた幼児期の世界を生き抜くことができる。挫折があってもそれで自らが無価値になってしまうわけではないことが分かっているからである。自らの個性や人格を認知できるようになると（つまり抽象的な思考が可能になるに従って），自己肯定の根拠を，肯定してくれることが前提の他者から，自分自身の中に探そうとするようになる。この段階で重要な意味をもつのが，新たに遭遇する（つまり肯定する前提に立たない）親密な他者であり，そのような他者が介在することで，自ら肯定できる自己像にたどり着くことができるのである。心理的な自立はおそらく，そうした自己像を根拠にこの自分を引き受けようとすることによって可能になるのである。

　つまりこの軸の意味するものは，完全に与えられた存在である（したがって選択の余地のない）自分を，周囲に肯定してもらうことを通じて，自分で肯定し選択し直すまでの歩みである。

また、『衝動統制と情緒的安定』という発達軸は、人が年齢に応じて獲得していく行動規範に根拠を置いている。絶対的な依存関係の中にあって人は衝動を統制する術を知らないが、意志を持った行動が可能になるのとほぼ同時に、意志を持った行動には限界（規範ないし枠）が存在することを知るようになる。発達初期のこの規範の刷り込みを、通常養育者は「しつけ」という形で行っている。養育者との愛着関係（絶対的な安全の保障）と、この規範の刷り込みは表裏をなしているだろう。親密な関係が進展するためには意志の発動が無条件ではないことを、子どもは知っていくことになるし、自分を枠づける力によって、外部の集団への適応が可能になる。やがて子どもは与えられた規範に適応するだけでなく、自らを枠づけるようになる。それを可能にしているものは前述の「肯定的な自己像」で、それが将来に向けた実現目標として像を結んだときに、今の自分を統制して「将来の自分のために今努力する」ということがはじめて可能になる。そしてこうした自己統制体験の蓄積が、一般社会を安定して生きるために必要な情緒的自己統制を可能にしていると考えられる。「社会に出たら少しのことで役割を投げ出さない」ためには、自分を統制できる体験の蓄積が必要なのである。

つまりこの軸の意味するものは、まったく衝動的である乳児が、自分を統制して、それとともに心理的な安定感を獲得するまでの歩みなのである。

表8-1　発達軸に沿った内的進展過程

	幼児期	学童期	思春期	青年期	養育者
社会性と対人行動	親密な人とのやりとりを楽しむ	仲間の中にいる自分	親密な関係と適度な対人距離	知らない人の中でも生きていける	人の助けを借りながら子どもを育てる
自尊感情と自己受容	見放されることはないことの確信	よい自分の発見と努力	自分らしさの肯定的な確認	自分であることを引き受けられる	親としての自分に自信が持てる
衝動統制と情緒的安定	安全のための自己統制	与えられた枠の中で生きる	他人から認められようとする	不安があっても自分を保てる	冷静に子どもを枠づけることができる

II 発達課題・発達過程と自立

こうした発達軸に沿った進展過程を一括したものが表8-1である。

表8-1の欄をそれぞれの発達段階ごとに追っていくと，厳密さは欠くがそれぞれの時期での発達課題の関連が読み取れる。例えば幼児期の発達課題とは，「仲の良い」幼児集団の中で遊びたいと思い，それに必要なルールを守る力（自己統制）と冒険心や好奇心を発揮する（自尊感情による保障される）ことができることである。つまり，三本の柱は青年期にいたって初めて統合されるのではなく，それぞれの段階での統合のされ方があり，その統合されたポイントにその時点での個人としての様態が立ち現れると考えることができる。

各段階を縦断的に読み直すことはここでは割愛するが，このように視覚化したときの発達過程とは，各段階での発達課題を達成し，その段階での統合を見せることの連続態であり，その過程の到達点を示すものが人としての「自立」なのだということができる。したがって，青年期の列にはそれなくしては自立した社会生活が不可能であるような，それぞれの領域の課題が並ぶことになる。

III 養育環境と発達過程の個別性

さて，こうした軸に沿った発達というものをイメージしたときに，それぞれの軸が（社会性・自尊感情・衝動統制といった）別個の次元に根拠を置き，しかも発達過程がさまざまな個別的生活体験に修飾されることを考えると，この統合が一様には進展せず，その様態がかなり個別性の高いことは想像に難くない。またもとより次元の異なる事象の速度を比較できるはずもなく，その進展がたどる道筋に関してもかなり個別性が高い。この統合の様態や過程の個別性こそが，この発達モデルの中では人格としての個性に相当する。つまり，実在の個人を考えたときには，完全に均衡の取れた統合は存在し得ず，同じく完全に均衡の取れた発達過程も存在し得ないことになる。

また進展の最終過程を養育者とすることにより，人の発達のライフサイクルとしての側面を表そうとしている。この点については後述する。

Ⅳ　精神発達の不均衡としての発達障害

前節で，統合のされ方の不均衡が個性に相当するということを述べたが，この観点から発達障害とはどのように把握することができるだろう。先ほど提案した発達モデルに即して発達障害を再定義すると次のようなことになる。「発達障害とは，その人の内的な発達の不均衡によって生ずる，自分が置かれた環境を生きる上での困難である」。

すなわち，不均衡そのものが個性と連続的である以上，また不均衡そのものを客観的に計測する方策がありえない以上，また後述するように不均衡が発達障害に特異的ではない以上，不均衡そのものを発達障害の条件とすることはできない。実際，発達障害としてかなり色濃い特性を持ちながら社会適応を果たし，それどころかそうした特性をもつ者ならではの社会的パフォーマンスを発揮し得ている人物が少なからず存在することを考えると，特性に対して一律に診断名を付すことは現実的でもない。

そこで，あくまでもその特性に関連して引き起こされる生活上の困難に対して『障害』の名称を与えることにする。文脈上，障害は個人に内在するのではなく，さりとて完全に外在するのでもなく，個人と環境の間に発生する状況に存在すると考える。もちろんこれは，医療モデルにおける「障害」概念とは大きく隔たるが，こと発達障害に関するかぎり，医療モデルが通用する領域はごく限定的であることを考えると，発達障害概念を心理・社会的な領域を複合した支援のための鍵概念として共有し，生物学的な背景を持ち医学的な介入が明らかに必要かつ有効な状態像に対象を限定して，治療的介入を行うという方略も十分にありうるのである。

ASDとは何かをこの発達モデルを借りて考えてみると，『社会性と対人行動』という発達軸での系統的な躓きがあるが，それは当然他の発達軸にも影響して，固執する内容に対する衝動の抑制が難しいといった『衝動統制と情緒的安定』の領域の問題や，後年見られがちな抑うつの背景になるような『自

尊感情と自己受容』の難しさを引き起こし，これによる発達の不均衡が常に生じている状態であることになる。

この発達モデルを共有しつつ，医療的にASDに関わろうとする際には，「感覚入力の偏りに基礎を置いた対人関心や社会的行動規範の非定型発達」といったように，その関わりの限定範囲を明示するような再定義をしておけばよいことになる。

またADHDに関しては，躓きの中心が『衝動統制と情緒的安定』の軸にありながら，それが他者との交流を難しくするという形で『社会性と対人行動』にも影響し，不適応体験が蓄積することでいわゆる二次障害が発生する背景となる『自尊感情と自己受容』の困難を複合するような発達の不均衡という把握が可能となる。

これに関しても医療的な介入が必要な場合には，「脳機能上の生物学的な背景を持つ注意力操作や衝動統制に関する非定型発達」といった定義をすればよいことになる。

いずれの場合も非定型発達をする要因は，生物学的背景が明瞭でない場合も含めて多様であり，いずれにせよ支援が必要となる場合には心理・社会的に共通の発達障害という枠組みの中で支援システムを構築していけばよいことになろう。その場合，本章の主題である虐待やひきこもりといった問題も，少なくともその一部は共通の枠組みの中で扱いうる可能性がある。

この視点で見ると，発達障害が増加しているという現象は次のように考えることができる。生物学的な背景のある発達特性をもつ子どもの発生に関してはその頻度が大きく変わることはないが，その他の要因によるものも含めた発達特性の発現や事例化は環境との相互作用による影響を大きく受ける。さらに次節で扱うように，環境を構成する養育者や周囲の子どもたちのあり方もまた特性とは無関係ではないとすれば，『発達障害』の発生は一つの自己生成システムとして不規則な変動をしたとしても不思議ではない。

また発達に偏りのある個人の課題は自らの偏りを，それを持ちながら生きていく方法とともに認知し，そのことに否定的な自己同一化をしなくて済むようにすることだろう。ここに発達障害者に対する精神療法の可能性が拓けるものと筆者は信じている。

V　養育者としての統合と養育環境

　さて，本章の思考モデルを養育者としての統合にまで押し広げると次のようなことが見えてくる。

　前節で素描した養育者としての統合に極度の困難をきたした状態を想定してみると，その状態は次のような内容を含むものと考えられる。

　社会性と対人関係行動の極端な未成熟がもたらすものは『周囲から孤立した養育』という事態だろう。さらに養育者の対人関心が希薄であると子どもとの間に相互に肯定的な関係そのものを形成していくことそのものも困難となるに違いない。

　自尊感情と自己肯定の不全がもたらすものは『支配的な養育・養育者としての自信喪失』であると考えられる。養育における支配性は，子どもへの関心の希薄さとも子どもに対する衝動性の高さとも関連するが，根本的には子どもに対する課題設定の根拠を子ども自身にではなく，理想や願望を含む外的規準に置き，これに固執することから生ずる。固執する理由はそうしないと極端な不安に陥るためである。子どもの発達は理想化された養育者自身の投影に過ぎず，それ以外のあり方は養育者としての肯定感を損なうことになる。すなわちその背景にあるものは，不安耐性の低さと養育者自身の肯定感の希薄さであり，子どもの発達に自分の支配が到底およばないことが明らかになると，さらに子どもへの支配を強めようとするか，養育そのものへの意欲が著しく低下する。

　この状況でさらに，養育者の衝動統制が決定的に不足していると，支配衝動は子どもへの攻撃性を生み，意欲の低下は養育の放棄を生むリスクが高まる。

　すなわちこの様態が意味するものは，養育不全状態であるに止まらず，虐待のハイリスク状態であると考えて差し支えない。

VI 被虐待体験ないし不適切養育体験

　翻って，子どもにとってこのような虐待・不適切養育を体験することがどのような意味をもつことになるかを，同様にこのモデルに即して考えてみる。
　養育者による養育の最も基礎的な部分を，絶対的な信頼関係を通して子どもの中に社会性・自尊感情・衝動統制の基礎を構築することであると考えるならば，虐待の最も深刻な影響は，これらの破壊である。養育者が子どもの中にこれらの基礎を形成できない場合だけでなく，養育者の存在自体が子どもにとってこれらの基礎の背景ないし根拠となっていると考えられるので，養育者の態度の豹変もまた，形成過程にあるこれらの基礎を根底から破壊することにつながる。
　幼児期までのこれらの基礎が破壊されると，その時期の発達課題の混乱が発生する。その表現型は，社会性の混乱であれば『周囲からの関わりにくさ』であり，臨床的には『反応性アタッチメント障害』の病態にほぼ一致する。あるいは衝動統制の混乱であれば『行動枠の形成されにくさ』であってこれは臨床的には『脱抑制型対人交流障害』に合致する。いずれもこの時期の統合の発達的な混乱である発達障害と酷似する病態となることは当然と考えられるが，もし発達障害と愛着障害に鑑別点ともなりうる差があるとすれば，それは自尊感情の低下が愛着障害の場合には一次的な問題として必発するという点であろう。解離はその最も深刻な病態であるということができる。発達障害の場合にも自尊感情の傷つきは発生するが，幼児期には未だ明瞭でないことが多く，明瞭に発生するのは他者との埋めようのない差を自己覚知する前思春期以降であり，そこで発生する問題がいわゆる『二次障害』なのだと考えることができる。
　もう一つの注目すべき事実として，幼児期の統合の混乱がもたらすこれらの行動特徴（関わりにくさ・固まりやすさ・聞き分けのなさ）は，養育者にとっては『育てにくさ』として認知され，養育者としての統合の混乱を誘発する要素でもあるという点を指摘することができる。いうまでもなく，子どもの側の統合の混乱は（その由来が愛着障害であるか発達障害であるかに関

表 8-2　混乱した内的進展の表出過程

	幼児期	学童期	思春期	青年期	養育期
社会性と対人行動	関わりにくさ	集団行動の難しさ	親密な関係形成の困難	社会的孤立・対人依存	愛着形成困難・支援からの孤立
自尊感情と自己受容	自信のなさ・行動回避	自己失望・なげやり	自分が好きになれない	心理的自立の困難	支配的な養育・自信喪失
衝動統制と情緒的安定	聞き分けのなさ	情動暴発・他者への暴力	自傷・社会的逸脱行動	嗜癖行動・支配的暴力	感情的な「しつけ」・育児放棄

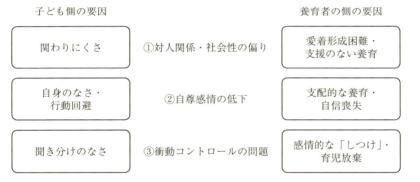

図 8-2　『育てにくさ／育ちにくさ』を生じる負の連鎖

わりなく），養育者の統合の混乱によってさらに悪化する。

　表8-2には，この統合の混乱を系統的に記載してある。この表は，達成できるはずの課題（表8-1）の不全態であるとみなすことができる。ここでもその過程のすべてを詳述することは割愛せざるを得ないが，学童期の衝動統制の混乱は学校状況での情動暴発として表出されるが，これが周囲の子どもたちのネガティブな行動化を誘発すれば，対象となる子どもを徒に刺激して行動や情動を暴発させる（いわゆる「いじり」）ことがおこり，これが常態化すれば「いじめ」となる。当の子どもがこれに衝動的に反応すれば暴力となるし，衝動性を軸に「いじめ」の加害と被害が反転する。この現象は，発

達障害ないし愛着障害の子どもたちがしばしば「いじめ」の被害に遭遇し，不思議にも時に加害者の側にも存在する事実と符合する。

また，思春期を特徴づける将来的な自己像に向けての自己統制は，目標である自己像を見失うことで頓挫する。その直接の表出が自分に対する失望による「なげやり」ないし「無気力化」なのだが，肯定的には達成できなくなった自分の存在確認を否定的な文脈中で実現しようとすれば，社会的には肯定されない集団への同一化，自傷行動・暴力・性的逸脱を含む逸脱行動などとならざるを得ないことは容易に想像がつく。

思春期に特徴的なこうした逸脱は，この時期の統合の混乱の表れであるとともに，自立課題を目前に控えた個人が，何とかして自分に折り合いを付けようとする絶望的な努力なのだということもできる。激しい行動化の後に，そこを「卒業」してあっけなく自立を達成する青年の一群も確かに存在するからである。しかし逆に，発達障害でも愛着障害でもないのに，偶発的にこの混乱に巻き込まれ，そこから思春期の通過とその後の青年期課題の達成が難しくなるケースも珍しくはない。そこからの速やかな回復が可能か否かは，自尊感情の傷つきの深刻さに関連している。

Ⅶ　自立の困難とひきこもり

先に青年期の自立課題に必要な各領域の課題が並んでいるのを確認したが，思春期までの統合課題の不調は，いずれにしてもこれらの課題が達成困難な状況を引き起こす。とくに自立に必要な社会性の積み上げが難しかった青年たちや，引き受けるべき自己像が見つからない青年たちは，自立を目前にして，一歩も前進することができなくなり，立ち往生する。こうして生じた社会へ向けての歩みからの撤退が「ひきこもり」と呼ばれる状況である。したがってそれは青年期にいたっての挫折による歩みの頓挫ではなく，長い経過を経て表面化した自立のための基盤喪失と考えるべきなのである。

ひきこもりの背景要因は一様ではなく，精神疾患・発達障害・心理的障害などがほぼ同数ずつ混在することが知られている。しかもいったんこの状態に陥ると，解決の糸口がつかめない限り経過が年余におよび，時には10年

以上に至ることもよく知られている。しかも必発ではないが，家族（特に母親）への暴力的な支配が併発する例が，まれならず存在する。

その意味するところを本章のモデルに沿って解読すると，原因が社会性の蓄積の不足（ASD）であれ，すでに獲得した社会性の崩壊（精神疾患）であれ，自尊感情の一次的な毀損（愛着障害）であれ，二次的な毀損（発達障害・心理的障害）であれ，自立を前にして立ち往生した青年たちは，自分を選択し直すという意味での心理的自立が困難になっており，社会的にも自立できないという事態がさらに自尊感情を傷つけるために，自力では脱却不能な循環に陥っている。依存しうるのは，逃げ場のない関係にいる人間（家族）か，孤立していることを忘れさせてくれる対象（ネット，買い物，ギャンブル，薬物 etc.）のみであり，特に家族に対してはそれを失わないための暴力的（依存的な）支配が展開される。衝動性は一見明瞭ではないが，養育者におけるネグレクトの場合と同様，自尊感情の毀損により自立努力の衝動的な放棄という形をとっているのであろう。

このように考えるとひきこもりはこのモデルの上に成立する，さまざまな要素が複合した病態だということができる。

Ⅷ　発達に対する支援の視点

本章で扱ってきたような養育困難家庭に対する支援は，多領域の協働作業としての支援システムによってなされることが理想的なのだが，現実にはさまざまな制約の下でいずれかの支援機関が集中的に負担を負っていることの方が多い。これをより多くの機関の連携へと展開するためには，「今起きている事態」に対する発想の共有が必要である。

1．状況理解の共有

本章では，発達障害・虐待・ひきこもりなどを含む多問題に関する共通の状況理解の可能性を示す意味で，あえて医療モデルに依拠しない理解の道筋を提示してきたが，これはあくまでも素描であって，このような切り口ですべての事例が明瞭に理解できる保障はない。その意味では特定の方法に拘泥

する必要はまったくないのだが、その理解が協働作業としての支援を一歩でも前へ進める力を持つためには、異なったいくつかの軸を持っていることが必要であろう。

たとえば発達障害であれば、その子どもの医学的な診断は何に該当するかを考えているだけでは専門機関の間で共有できる理解にはならない。その子どもにとって、何が中心的な課題で何が背景にあるのか、家族関係の何が強みで何が弱点なのか、子どもの発達特性のどこが変化しうる部分でどこが変化しにくい部分なのか等、さまざまな尺度で状況を把握することができ、それが多様であればあるほど、多様な支援が可能になるのである。

その多様性の中に、家族の状況を把握する視野が含まれていないと、虐待やひきこもりといった社会的な事象が併存する際の理解が十分に進まない。たとえば虐待が発生する状況への理解を抜きにして、虐待を受けた子どもの心理的なケアを行うことは難しい。被害を受けた子どもが、場面を変えて再被害に遭遇するリスクを排除できないからである。

同様に、いじめの被害・加害、ネット依存、逸脱行動、不登校、ひきこもりなどの事象は、比較的高い頻度で発達障害問題に併発する。そうした際の状況把握は、さらに家族を超えたコミュニティや社会の中でのその子のあり方が把握されないと、有効な対応に結びつかない。

2. 課題の共有

状況の把握と同時に、連携して行われる支援が何を課題とし、何に向けて行われるのかが共有されなければならない。本章で提示したモデルは、子どもは成長を続ける存在で、社会的・心理的・情緒的に自立することを目標とすることが、課題として共有されることを前提としていた。しかし、家族への支援を行おうとする際に、どこを到達点に設定すれば良いのかまでを視野に組み込むことはできていない。

ひきこもる青年への支援の課題は、その青年が家から出られるようになることのみではない。課題を共有する支援システムができていないと、支援機関が当面の課題に向き合うことの意味が見えてこないのである。

虐待問題に対する支援の目的は、子どもを安全に家族から分離することの

みではない。もう一歩踏み込んだ課題を共有できないと、子どもが将来的に家庭とどのような関係を持っていくのか、分離された家族への支援はどのような視点で行われなければならないのかといった問題には対応できないことになる。

個々の支援機関が、単独でそこまでの広がりを持つ課題に対応することはほぼ不可能である。

3. コミュニティの介入による支援

これらの複合的な介入を最も有効になし得るのは、支援的な機能を持ったコミュニティを基盤にした介入であろう。

発達障害問題も、個人への支援を中心に考えるだけでは、その子どもの適応問題全体を解決することができない。発達障害が、現在のように大きな問題になってしまった要因の一つは、子どもが生活するコミュニティが、子どもの発達特性を吸収できなくなったことにあると考えられる。地域コミュニティは、子どもと生活を共有しながら特性に由来する生きにくさの問題を解消することができなくなってしまった。子どもにとって残された重要なコミュニティである学校も、子どもの問題のすべてに対応するだけの余裕がなくなっている。子どもの発達を下支えするシステムとしては、放課後学童や塾までもが視野に入ってくるが、現状として課題を共有して役割を持った支援を継続するほどには専門性が高くない。

逆に、医療のような専門性のある支援機関では、コミュニティの水準で子どもの生活に関わっていく方策を持ちにくい。診察場面はあくまでも子どもにとっての非日常であって、それがどれほど重要でどれほど積み重ねがあっても、子どもの日常の課題や問題との間には間隙があり、扱いうる問題にも限界があるからである。このため子どもが受診に抵抗を持ったり、来院できなくなったりしてしまうと、直接に介入することができなくなってしまう。

近年になって利用が可能になった支援資源として作業療法士による訪問看護があり、こうした医療の限界を補完する役割をとれるようになった。つまり、医療がアウトリーチによる支援手段を手に入れたことになり、もとより万能ではないが、あまりにも狭い医療の限界をかなり押し広げてくれる。

アウトリーチによる支援は，特に子どもの生活がひきこもりの様相を呈しはじめたときに，残された唯一の支援手段ともなり得る。子どもが訪問を拒否することも稀ではないが，手段がなければその先の働きかけもできない。アウトリーチの機能をもった民間の支援機関も存在するが，まだどの地域でも利用できる状況ではなく，その専門性にもかなりのばらつきがある。今後の展開が期待される。

　アウトリーチによる支援の有効性は，問題解決の場を生活状況の中に置くことにあると考えられる。そのことこそ，まだ十分な力を持っていた時代に地域コミュニティがしていたことに他ならない。この点でいえば，支援システムが継続的なアウトリーチ機能を持つことが，力量が低下してしまった地域コミュニティの機能を補完して，その中で支援を必要とする人々に「社会があなたを見放していない」というメッセージを発信することになるのである。

おわりに

　論調や，何よりも論文としての品格が他の執筆者のそれとは大きく異なること，また議論の展開に緻密さを欠くことは承知の上である。何卒ご容赦いただきたい。

　さらに深い議論の呼び水となれば幸甚この上ない。

第9章 発達障害者支援の行政（厚生労働省の施策を中心に）に関する動き

日詰正文

はじめに

「障害」は，行政的には，長期にわたり特別な（専門的な）支援を必要とする〈固定的〉なその人の特性と考えられるが，日常的な支援によって本人や家族が特別な支援を必要としない場面が多くなる〈流動的〉な側面があるのも現実であり，その代表的な存在が発達障害である。

発達障害は，障害福祉など「特別な支援」と「日常的な支援」の両方を組み合わせた施策が，従来の障害者施策よりも強く意識されている。

I 法・制度上の位置づけ

1. 発達障害者支援法が施行される前の「発達障害の位置づけ」

障害福祉全体の動きでは，昭和56年の国際障害者年を契機に障害者が地域で普通の社会生活を営むことを当然とするノーマライゼーション理念の浸透が進められた。具体的には，平成15年の障害福祉サービス利用者がサービスを選択できる支援費制度の施行，平成18年の障害種別（身体，知的，精神）を一体化する一方，日中と夜間の活動を分けた生活を実現するため，相談支援によって作成される個別の計画を軸と位置づけた障害者自立支援法の施行（平成22年の一部改正を経て現行の障害者総合支援法へ）である。

中でも発達障害者支援に関する施策は，昭和55年に知的障害児施設の種類に医療型自閉症児施設，福祉型自閉症児施設を新設（専門的施設の設置），平成5年に強度行動障害者特別処遇事業を開始（専門的対応の全国的展開），

平成14年度の自閉症・発達障害者支援センター運営事業の開始（困難事例化する前からの予防的対応の強化）等の事業が行われてきた。これもまたノーマライゼーションの理念に沿った展開であるが、「発達障害」については、既存の障害者支援とは異なる新たな対応（たとえば発見、評価、支援手法など）が必要になっていた。

2. 発達障害者支援法の施行

まず、行政分野で「発達障害」に対する取り組みの対象者を明確にしておく必要があった。「発達障害者支援法」では、既存の障害者福祉制度の谷間に置かれ、その特性の理解や対応が遅れがちであった自閉症・アスペルガー症候群、LD（学習障害）、AD/HD（注意欠陥多動性障害）などを「発達障害」と総称している。

発達障害者支援法（平成16年12月10日／法律第167号）
発達障害者支援法施行令（平成17年4月1日／政令第150号）
発達障害者支援法施行規則（平成17年4月1日／厚生労働省令第81号）
発達障害者支援法の施行について（平成17年4月1日／文科初第16号・厚生労働省発障0401008号）

この発達障害の範囲については、発達障害者支援法2条の定義を具体的に説明する形で施行令、施行規則、文部科学省と厚生労働省両省の事務次官通知があり、下記のように定めている。

定義について（事務次官通知）
　「発達障害」の定義については、発達障害者支援法第2条第1項において「自閉症、アスペルガー症候群その他の広汎性発達障害、学習障害、注意欠陥多動性障害その他これに類する脳機能の障害であってその症状が通常低年齢において発現するものとして政令で定めるものをいう」とされていること。また、法第2条第1項の政令で定める障害は、発達障害者支援法施行令第1条において「脳機能の障害であってその症状が通

第9章 発達障害者支援の行政(厚生労働省の施策を中心に)に関する動き

常低年齢において発現するもののうち,言語の障害,協調運動の障害その他厚生労働省令で定める障害」とされていること。さらに,令第1条の規則で定める障害は,「心理的発達の障害並びに行動及び情緒の障害(自閉症,アスペルガー症候群その他の広汎性発達障害,学習障害,注意欠陥多動性障害,言語の障害及び協調運動の障害を除く。)」とされていること。

これらの規定により想定される,法の対象となる障害は,脳機能の障害であってその症状が通常低年齢において発現するもののうち,ICD-10(疾病及び関連保健問題の国際統計分類)における「心理的発達の障害(F80-F89)」及び「小児〈児童〉期及び青年期に通常発症する行動及び情緒の障害(F90-F98)」に含まれる障害であること。

なお,てんかんなどの中枢神経系の疾患,脳外傷や脳血管障害の後遺症が,上記の障害を伴うものである場合においても,法の対象とするものである(法第2条関係)。

上記法文上は例示されていないが,学習障害に含まれている特異的読字障害(F81.0)や特異的書字障害(F81.1),トゥレット症候群(F95.2),吃音症(F98.5)も発達障害の範囲に含まれている。

また,知的障害をはじめさまざまな精神疾患,他の疾患を伴っていても,発達障害の特性を示す者は発達障害者支援法の対象となっている。

(参考1)

かつて,知的な遅れを伴わない高機能自閉症,アスペルガー症候群,学習障害(LD),注意欠陥多動性障害(AD/HD)などを「知的障害が軽度である」という意味で「軽度発達障害」と称することがあったが,「障害そのものが軽度」という誤解をさけるため,「軽度発達障害」という言葉は使っていない(平成19年3月に文部科学省から「軽度発達障害」という表現を,原則として使用しない旨の通達が出されている)。

(参考 2)
　発達障害者支援法における「発達障害」は ICD-10 によって，範囲が具体的に示されている。同様に，精神保健福祉手帳や障害基礎年金や特別児童扶養手当などの交付にかかる申請用診断書も ICD-10 のコードを記載する形式となっている。ICD-10 は改訂され，ICD-11 となることが予定されているが，その変更内容は現段階では未確定である。

3. 発達障害者支援法施行以降の「発達障害」の位置づけ

　発達障害者支援法において「発達障害」の定義が明確化されたことで，その後の障害者に関する法の制定や改正に，発達障害の位置づけが定着した。

　まず，平成22年の障害者自立支援法と児童福祉法の改正の際に，「発達障害者」が（精神障害に含まれるものとして）障害者（児）であることが明記され，その後も平成23年の障害者基本法の改正，障害者虐待防止法や障害者優先調達推進法の制定，平成24年の障害者差別解消法の制定，障害者雇用促進法の改正においても発達障害を対象として含めていることを明記した。

　また，平成23年の精神保健福祉手帳用診断書と障害年金と特別児童扶養手当の診断書様式の改訂により，発達障害に関する診断書項目の追加や認定基準の新設，平成25年の障害福祉サービスを利用するための支援区分認定調査項目の見直しにより，発達障害の特性を反映した項目の追加（例「文章を読むこと，書くこと」「感覚が過度に敏感・過度に鈍くなること」「集団に適応できないことの有無やその頻度」など）がなされた。

　平成28年改定までの診療報酬においては，特掲診療料として小児特定疾患カウンセリング料，障害児（者）リハビリテーション料の対象として発達障害が明記されている。また，発達障害を含むものとして基本診療料の強度行動障害入院医療管理加算，児童・思春期精神科入院医療管理加算などが位置づけられている。

(参考 3)
　障害福祉サービスの利用申請に当たっては，障害者手帳の所持は必須

ではなく，障害者の場合は医師の診断書や障害年金を受給していることを証明する書類等，障害児の通所等の給付については，市町村保健センター，児童相談所，保健所等の意見を確認できる書類等をもって市町村が判断できることとなっている。

雇用支援施策において障害者手帳を持たない発達障害者は，障害者雇用促進法に基づく雇用率制度の適用対象にはならないが，公共職業安定所の職業指導，障害者職業センターにおける職業評価やジョブコーチによる援助，障害者就業・生活支援センターの支援，職業能力開発校などが利用できる。

II　発達障害の広がり

1．世論調査

　行政的な分野での位置づけとは別に，一般社会における発達障害の認知度については，内閣府が平成19年，24年，26年に行っている世論調査において把握することができる。

　平成19年は「発達障害への社会の理解が深まっていると思うか？」という問いに対し，「深まっていると思う」が34.5％，「深まっているとは思わない」が51.6％，「知らない，わからない」が10.2％であった。

　平成24年は「発達障害に対する社会の理解があると思うか？」という問いに対し，「理解がある」が33.6％，「理解がないと思う」が59.9％，「知らない，わからない」が4.3％であった。

　平成26年は「あなたは発達障害を知っていますか？」という問いに対し，「知っていた」87％，「知らなかった」12.3％であった。

　上記3回にわたる調査の質問と回答がそれぞれ異なるので単純な比較はできないが，平成19年と24年の「深まっているとは思わない」「理解がないと思う」と回答した者が，自分自身は発達障害に関して理解を一定程度しているが，社会全体ではまだ「深まっていない」「理解がない」と考えているととらえれば，いずれも9割の国民が発達障害について何らかの知識があり，

1割の国民に情報が届いていないと考えることができる。最新の平成26年の調査では，特に70歳以上に「知らなかった」が多いことから，高齢者層への啓発方法の検討が必要になっている。

2. 発達障害児の推計値

平成24年に文部科学省が行った「通常の学級に在籍する発達障害の可能性のある特別な教育的支援を必要とする児童生徒に関する調査結果」（学級担任を含む複数教員により判断された回答により医師の診断によるものではない）によれば，通常学級に在籍する児童生徒（義務教育段階）の6.5％程度が発達障害の可能性がある。また，特別支援学校や特別支援学級，通級による指導の対象となっている児童生徒2.9％のうちにも，一定数の発達障害児が含まれることを考えれば6～9％程度の児童生徒が発達障害の可能性があると考えられる。

しかし，発達障害の可能性がある者すべてが，診断を受けて障害者のサービスに結びつくような状況にはなっていない。その要因としては，以下のような点が考えられる。

(1) 発達障害の存在を見逃している場合，(2) 発達障害の存在に気づいても本人や家族に伝えられていない場合，(3) 発達障害であることを本人や家族が認識してもサービスが身近な地域にない場合，(4)発達障害の特性があっても本人や周囲の努力によって支援の必要がない場合。

このうち(4)の場合であれば，あえて特別な支援を提供する必要はないが，(1)～(3)の状況については対応することが必要になる。

(参考4)

全国複数の自治体において医療機関と学校で把握している発達障害の有病率の調査（予備調査的な意味合いがある結果）では，発達障害の有病率（家族が学校に診断名を報告）が，小学1年生で3.3～8.7％，小学校6年生では4.3～4.7％であった。また，学校の教師が「発達障害の可能性があるのではないかと考えている児童生徒の数」は①小学校1年生で3.4～18.1％，小学校6年生で4.4～12.1％であった（厚生労働科学研究，

2013a)。

(参考5)
　成人期になって相談機関を訪れる発達障害者の約半数が成人期になってから初めて診断を受けている（障害者保健福祉推進事業，2008）。
　発達障害者支援センターの継続的な支援を受けている成人のうち，「企業などにおける就業生活をしている人」「職業訓練や教育機関，デイサービス等，継続な日中活動に参加している人」「家事や子育て，離職後自宅療養，経済的に家族に依存したマイペースな生活を送るなど，前の二つに当てはまらない人」がそれぞれ3分の1程度であるが，①現在の生活状態や生活スタイルから退出しなくてはならない危機が迫っている（たとえば，就労生活の継続が困難になり，在宅中心の生活を余儀なくされる），②より社会的ステータスの高い生活状況や生活スタイルへ移りたい（たとえば，職業訓練から障害者雇用としてフルタイムの就労生活に移る）という状況になった時にはじめて発達障害の診断を受けることになっている（厚生労働科学研究，2011）。

(参考6)
　高齢期の知的障害と発達障害に関する住民全体調査を行い，知的障害や発達障害が原因と思われる生活のしづらさを持つ人は，療育手帳を持っている人の約3〜4倍存在する可能性があり，地域の中で何らかのサービスを受けずに潜在化している可能性があることが把握されている。潜在化の要因としては，療育手帳制度開始時点に成人となっていてわざわざ取得することがなかった，障害に対する理解（周囲や本人自身の拒否感），関係者の引継ぎが不十分であった等が考えられる（厚生労働科学研究，2014）。

3. 医療や福祉分野のサービス利用の状況

　3年ごとに行われている患者調査において，発達障害の範囲（ICD-10のF8, F9）の診断を受けた通院・入院患者の推計値は，（平成11年）2.8万，

（平成14年）3.5万，（平成17年）5.3万，（平成20年）8.8万，（平成23年）11.2万となっている。

また，毎年6月の精神保健福祉に関する調査をまとめている精神保健福祉資料では，精神障害者保健福祉手帳交付者数（実数）は，（平成16年）59，（平成17年）59，（平成18年）134，（平成19年）197，（平成20年）242，（平成21年）343，（平成22年）497，（平成23年）776，（平成24年）1,174である。

発達障害者支援センターへの相談等（相談のほか，発達支援，就労支援を含む）を利用している者の数（実数）は，（平成17年）1.6万，（平成18年）3.0万，（平成19年）3.7万，（平成20年）4.5万，（平成21年）5.1万，（平成22年）5.7万，（平成23年）6.3万，（平成24年）6.8万，（平成25年）6.8万である。障害者総合福祉法によるサービスのうち強度行動障害に関するサービスを利用している障害者は，国民保険団体連合会データ（平成26年1月時点）によれば2.7万であり，その内訳は施設入所支援（重度障害者支援加算）15,244，短期入所（重度障害者支援加算）2,120，福祉型障害児入所施設（強度行動障害者特別支援加算）7，共同生活介護（重度障害者支援加算）2,261，行動援護7,523である。このほか，児童発達支援や放課後児童デイサービス，就労移行支援，生活訓練，共同生活援助などのサービス，さらには介護保険のサービスを利用している発達障害者は多数いると思われるが，現在のところ実数は把握できていない。

このように，さまざまな調査のデータにおいて発達障害者本人が診療や支援に結びつく件数は徐々に増えている。その結果，関係する分野の広がりや支援者の数も増えることになり，情報共有や引継ぎが適切に行われるようにするための信頼性の高いアセスメントの確立や情報交換に関する仕組みを構築することが必要になっている。

（参考7）

児童福祉領域（児童相談所，児童養護施設，情緒障害児短期治療施設，児童自立支援施設）の対応については，対象者の中学生と高校生のケースのうち43％が発達障害と診断されていること，一般精神科の32.7％では発達障害の患者割合が5％以上を占めること，発達障害を診察する際

第9章　発達障害者支援の行政（厚生労働省の施策を中心に）に関する動き

の治療上の苦慮（こだわり，巻き込み型の強迫，薬の変更拒否など）を感じている施設が87.1％もあること，医療観察法の下で通院医療を受けている指定通院対象者のうち発達障害は3.3％であること等が把握されている（厚生労働科学研究，2013b）。

　障害福祉サービス事業所を利用している発達障害者の状態が悪化した時に入院できる医療機関を探すことに5割以上の障害者支援施設の職員が困難さを感じていた（厚生労働科学研究，2008）。

　これらの対応困難事例については，個人情報の問題やエビデンスが蓄積された対応方法が少ないこと等により，現在は一部の公的機関や民間の事業所に負担が集中している可能性がある。

（参考8）

　強度行動障害とは，「自分の体を叩いたり食べられないものを口に入れたり，危険につながる飛び出しなど本人の健康を損ねる行動，他人を叩いたり物を壊したり，大泣きを何時間も続けるなど周囲の人の暮らしに影響を及ぼす行動が著しく高い頻度で起こるため，特別に配慮された支援が必要になっている状態」を指す行政分野の用語である。

　強度行動障害に関する支援の対象者は，障害福祉サービスを受ける際に行う障害認定調査の支援区分の「行動関連項目」（福祉型障害児入所施設の場合は「強度行動障害判定基準表」）を用いて判定し，一定の点数となる人（24点中10点）に対して手厚い支援を提供する。強度行動障害に至る前からの支援や行動改善が見られた後の継続的な支援が提供できるようにするため，「行動援護」は平成20年，「共同生活介護，短期入所，施設入所支援の重度障害者支援加算」は平成24年に対象者判定の基準点を引き下げられており，2.7万人程度（複数のサービス利用者を合わせて利用している場合もあるため，実数はこれより少ないと考えられる）の対象者が強度行動障害者向けの支援を受けている。

　しかし，平成25年10月から施行となっている障害者虐待防止法に基づく障害者虐待事例の対応状況を見ると，市町村により養護者や障害福祉施設従事者による虐待事例と判断された件数の約4分の1は行動障

がある者に対するもの（平成24年10月から平成25年3月までのデータの集計結果）であった。

III 発達障害施策の展開

1. 日常的な支援

　発達障害の診断を受ける前も後も，本人が暮らし日課をこなす場面で出会う人が，発達障害の理解と配慮をすることが基本である。たとえば，保育所や幼稚園，学校などに通う先での理解と配慮，勤め先や障害福祉サービス事業所に通う先での理解と配慮，通学・通勤や買い物先，役場での手続き，移動中に出会う街の中の人の理解と配慮，家族の理解と配慮などが必要になる。

　取り組みとしては，各自治体行政や発達障害者支援センターや国の発達障害・情報支援センター等のホームページ http://www.rehab.go.jp/ddis/ （基本的な理解〜制度，研究，医薬品情報等の情報発信など，年間約46万人が閲覧）やパンフレット等による啓発，住民や保育士や教師，職場関係者向けの講演会（年間約4,000回，20万人が参加），当事者との交流体験などがあり，新聞や雑誌，テレビ，ラジオ等の報道で取り上げられることも近年は盛んになっている。

　自閉症をはじめとする発達障害啓発活動については，平成19年に国連総会で「世界自閉症啓発デーを毎年4月2日とする決議」が採択されて以降，国際的な動きも盛んになっており，わが国でも4月前後には厚生労働省と日本自閉症協会の主催によるシンポジウム，4月2日の当日には東京タワーのライト・イット・アップ・ブルーも行っている。

　http://www.worldautismawarenessday.jp/htdocs/

（参考9）
　平成23年3月11日の東日本震災の際，3月15日から厚生労働省では，避難所や自宅での発達障害児への配慮についてまとめたポスター資料を，現地で支援に当たる者や避難所にいる者向けに発信すると同時に厚生労

働省,発達障害情報・支援センターのホームページにおいても公開した。具体的には,「発達障害児者が困っていることに気づくには」「すぐにできる支援のコツ」「周囲に知識のある人がいる場合はその人の協力を求める」である。

　発達障害情報・支援センターの調査では,「震災が発生した時間が日中であったため,ほとんどの発達障害者は保育士や教師などの指示の下で落ち着いた行動がとれたが,小学校に通っている発達障害児の11％,特別支援学校の14.3％が恐怖と不安からパニック状態を示していたこと」「避難所利用については,利用しなかった77％の家庭の1割が共同生活ができないために断念した。一方,避難所を利用した23％の家庭の27％が発達障害児者の偏食や見守りが常に必要で家族が配給される物資を受け取りに行けなかった,などの困難さを感じていた」等が報告されている。

　これらのことは,地域の防災訓練の機会など,普段から地域の中で理解と対応の準備を進めておくことの重要性を示している。

2．特別（専門的）な支援

　発達障害は,見た目では生活しづらさが理解しにくいことから,どのような様子を見て発達障害の理解と配慮を行ったらよいのか,「気づき」に関して専門的な支援が必要になる（この時の「気づき」は,発達障害者本人や家族に対して適切な理解と配慮をするためのものであり,排除するためのものではないことに留意）。

　ほぼ全数の子どもが受ける乳幼児健診の場がまずは気づきの機会となり,ASDの幼児の発達の特徴を捉えるM-CHATやPARS-TRの普及を進めている。また,その後に通う保育所や学校等の場を心理等の専門家が巡回をして,保育士や親に幼児の示す発達障害の特性を説明したり育児の助言をしたりする巡回支援専門員の整備が,現在は実施されている。

　青年期・成人期においても,ハローワークの一般窓口を訪れる者のうち,障害者向け専門支援を選択しないコミュニケーション能力に困難を抱える者（発達障害の可能性がある場合を含む）を就職支援ナビゲータが個別支援を

行う中で必要に応じて専門支援につなげる対応（すべてのハローワークではなく，現在では一部の箇所）ハローワークが行われている。しかし，障害という言葉に対する抵抗感がある場合も多く，情報提供の在り方については一定の専門的な知識や技術が必要になっている。

（参考10）

　成人のASDに「過去から現在までのどういった要因が良好な社会生活につながるのか」を尋ねたアンケートの結果では，成人後の社会参加は，言語発達が良好でもそれだけでは充実した社会参加が得られていないこと，発達障害の理解に基づいた支援が長期にわたって継続されること，家族の協力的な態度が重要であることなどとともに，早期発見と介入が重要であることが把握されている（厚生労働科学研究，2009a）。

　また，AD/HDの家族に早期発見について尋ねた結果，「3歳以降であれば，障害を疑ったら教えてほしい（97.4％）」であり，その大半が早期対応を望んでいることが把握されている（厚生労働科学研究，2008）。

　一方，早期発見については保健師の「発見」への重圧，親の「発見される」ストレス等の課題が大きいことを踏まえ，早期発見を単に発達状況を親に伝える機会とするのではなく，親が「具体的な子育てに関するアドバイスや今後の子育てへの示唆などを受けて理解ができた」「自分の子どもの発達の状況や特性について説明を受け理解できた」と感じられるような健診項目を用いることの重要性も把握されている（厚生労働科学研究，2009b）。

「気づき」の次の段階としては，個々の発達障害の特性を踏まえ，発達障害者本人や家族が，日常生活の中でどのように理解し配慮したらよいのかといった点で，専門的な支援が必要になる。

多くの場合は，まずは親が理解をしなければならない場合が多いことから，ペアレント・プログラム，ペアレント・トレーニング等，親が自分と子どもの行動の現状を客観的に把握し，親子のやり取りがより良いものへと改善する取り組みの普及，発達障害児の育児経験のある親が診断前後の家族に対し

て，親の仲間として心理的サポート等を行うペアレント・メンターの養成や活動の支援などが，現在進められている。

また，発達障害者本人向けには，医療・福祉・教育・労働機関がそれぞれの分野で必要な評価を行い，支援のための個別的な計画を作成し，日常生活の中で発達障害児者が能力を発揮し適応行動を増やすための支援を行っている。このような支援を受ける際のプロセスはさまざまであるが，青年期以降であれば，発達障害者支援センターをはじめとする相談機関への相談，医療機関での診断や通院（必要に応じて服薬指導，デイケア，入院など），障害者手帳の取得（必要性があれば）や障害者向け制度の利用（障害福祉サービス，障害者雇用など），周囲に対する障害の公開（必要があれば），生活の中のさまざまなストレスマネジメントに関するケアの継続……等が代表的なものであり，これらの支援を行う各分野ができる限り共通の視点で支援を行い，引継ぎを円滑に行うための体制づくりを都道府県等と発達障害者支援センターが中心となって進めている。

（参考11）

　大学センター試験における「障害等のある方への受験上配慮」における区分において，発達障害が平成23年から位置づけられている。これは，大学入試センターが志願者の申請（医師の診断書，高校等で行った「読み」「書き」をはじめとする配慮を行ってきた経過をまとめた状況報告書などが必要）に基づき，審査のうえ受験上の配慮（たとえば，試験時間の延長，チェック回答，拡大文字問題冊子の配布，注意事項等の文書による伝達など）が行われるものである。初年度の平成23年では95名，平成26年の配慮決定者は158名となっている。今後は，障害者差別解消法の施行等により，発達障害者本人が自分の特性を理解して手続きを踏まえた支援の養成を行えるようになれば，社会のさまざまな場面でこのような配慮が見られるようになると考えられる。また，高校等が行った配慮がきちんと評価されることで，引継ぎに足る情報の精査も重要な課題となっている。

　知的障害や発達障害の支援に関する一貫性のある計画を作成するにあ

たっては，標準化されたアセスメントの活用が有用であり，認知等の側面についてはウェクスラー系の発達検査，適応行動についてはヴァインランドⅡ適応評価尺度が挙げられる。

　支援を行う者の育成については，研究やモデル事業を通して有効性が把握されているものを中心に，都道府県等においては発達障害者支援センター，国においては医療・保健分野は国立精神・神経医療研究センター，福祉分野は国立障害者リハビリテーションセンター学院，特に強度行動障害に関することは国立重度知的障害者支援施設のぞみの園が行っている。

　また，身近な地域の医療機関に対する診療支援や情報の提供を行う「子どもの心の診療ネットワーク事業」，市町村や障害福祉サービス事業，医療機関等の取り組みに対するサポートや連携を行う「発達障害地域支援マネジャーの配置」を実施し，支援に取り組む人材の拡大に取り組んでいる。

(参考12)
　成人期の発達障害者と家族が地域生活（一人暮らし）について尋ねたアンケート結果では，危機状況の対応＞健康面＞金銭面＞食事の順で不安を感じていることが把握されている（厚生労働科学研究，2013c）。
　同様の視点は，障害者総合支援法の付帯決議を受けて取りまとめられた「障害者の地域生活の推進に関する議論の整理」（障害者の地域生活の指針に関する検討会）においても指摘されており，地域における居住支援に求められる機能として5つの機能（相談，体験の機会・場，緊急時の受け入れ・対応，専門性，地域の体制作り）が挙げられている。
　危機状況の対応については，たとえば何らかの犯罪に加害・被害の双方で巻き込まれた際に適切な対応に司法と福祉の協力によって取り組むためのコーディネーター養成（厚生労働科学研究，2013b），健康面については障害者向けの人間ドック（厚生労働科学研究，2014）等の実践例などが試行されている。

おわりに

　発達障害については，本章で触れたようにさまざまな法制度に位置づけられ，理解や支援を次第に深めているところであるが，「支援につながるまでのこと」「一貫性のある支援を提供すること」「当事者の感じている不安への対応」など，さまざまな課題に行政分野が関係分野の調整を行いながら引き続き取り組む必要がある。

文　献

厚生労働科学研究（2008）発達障害（広汎性発達障害，ADHD，LD 等）に係わる実態把握と効果的な発達支援手法の開発に関する研究（研究代表者：市川宏伸）．
厚生労働科学研究（2009a）ライフステージに応じた広汎性発達障害者に体する支援のあり方に関する研究（研究代表者：神尾陽子）．
厚生労働科学研究（2009b）養育に困難を抱える保護者を支援することのできる健診評価尺度（保護者自己記入式調査票）の開発に関する研究（研究代表者：田中康雄）．
厚生労働科学研究（2011）青年期・成人期の発達障害者に対する支援の現状把握と効果的なネットワーク支援についてのガイドライン作成に関する研究（研究代表者：近藤直司）．
厚生労働科学研究（2013a）発達障害児とその家族に対する地域特性に応じた継続的な支援の実施と評価（研究代表者：本田秀夫）．
厚生労働科学研究（2013b）青年期／成人期発達障がいの対応困難ケースへの危機介入と治療・支援に関する研究（研究代表者：内山登紀夫）．
厚生労働科学研究（2013c）成人期以降の発達障害者の相談支援・居住空間・余暇に関する現状把握と生活適応に関する支援についての研究（研究代表者：辻井正次）．
厚生労働科学研究（2014）地域及び施設で生活する高齢知的・発達障害者の実態把握及びニーズ把握と支援マニュアル作成（研究代表者：遠藤浩）．
障害者保健福祉推進事業(2008)発達障害者の就労相談ハンドブック(NPO 法人ジョブコーチ・ネットワーク　発達障害者の就労相談ハンドブック検討委員会)．

第10章
発達障害と司法

桝屋二郎

はじめに

　筆者は現在に至るまで常勤および非常勤にて医療少年院と一般少年院で児童精神科の矯正医官として勤務してきた。つまり，成人よりは児童思春期の，精神鑑定よりは矯正の立場で仕事をしてきた人間であるが，精神障害と司法を論じる際はさまざまな視点が求められる。本章ではできうる限り偏りなく論じていきたい。

　2000年に愛知県豊川市で発生した主婦殺害事件において，加害少年が「人を殺してみたかった」と供述し，センセーショナルな報道と共に少年が「アスペルガー症候群」であると報道された。これ以降，自閉症スペクトラム障害（Autism Spectrum Disorders；以下 ASDとする）と犯罪の関係が本邦で社会的耳目を集めるようになり，その後も発達障害者の惹起した事件についてセンセーショナルな報道が続いた結果，発達障害に対しての誤解やスティグマの増大が発生した。世界的にも発達障害者が定型発達者に比して犯罪を犯しやすいといった統一的エビデンスは存在せず，むしろ反社会的行動の発生頻度は低いとする報告もある（Ghaziuddinet et al, 1991）。近年では冷静かつ正しい知識の普及に各方面が努めた結果，過度にセンセーショナルな報道や障害名が見出しとなるような報道は減少したが，発達障害と犯罪を過度に結びつける誤解やスティグマは残念ながら残っており，それは一部の司法判断へ厳罰化という影響をもたらし続けている。たとえば2012年に大阪地方裁判所が，実姉を殺害したASDの被告に対して検察求刑の懲役16年を超える有期刑上限の懲役20年という判決を裁判員裁判で下し，その

判決理由として「十分な反省をしていない」「(ASDに)対応できる受け皿が社会に何ら用意されておらず，その見込みも無い」こと等から再犯の恐れが高いためとされたことは一端と言えよう（当該判決は多くの団体から反対声明が出され，上級審で破棄され懲役14年が確定した）（緒方，2013）。このように発達障害と反社会的行動，その矯正については社会的注目度も高く，現実的にもさまざまな分野で対応に苦慮しているケースも少なくない。ASDと反社会的行動を横断的に総説したものとしてはHowlin (1997) や幸田 (2009) の論考があるが，本章でも誤解やスティグマの減少に資するよう公正に論じてみたい。

I　発達障害と反社会的行動の疫学的知見

1. ASD

ASD者による犯罪や反社会的行動について報告の端緒となったのはMawsonら (1985) によるアスペルガー症候群の男性による赤子への暴力ケースと思われる。同時期にWingも薬物への執着を呈したアスペルガー症候群の少年が実験的に友人に薬物を投与したケースを報告した。これらの報告以降もASD者による犯罪や反社会的行動についての報告は散見されるが，ASDと犯罪や反社会的行動との関係性について着目した大規模な疫学的調査は現在までに行われていない。Scraggら (1994) は英国の高度保安病院であるブロードモア病院での調査において男性の全患者392名中9名（約2.3％）がアスペルガー症候群およびその可能性が高いとし，この確率が一般人口におけるアスペルガー症候群の発生率よりも高率であることから，アスペルガー症候群は暴力行為を伴うことがあると考察した (Scragg & Shah, 1994)。Siponmaaら (2001) は126名の若年犯罪者の調査で広汎性発達障害が約15％存在したと2001年に報告している。わが国でも近藤ら (2005) が自閉症スペクトラム指数日本版（AQ-J）の修正版を用いて少年鑑別所に入所した非行少年，計1,574名を調査したところアスペルガー障害である可能性が高いとされるカットオフ値を越えた少年が3.1％であったと報告している（近藤・渕上，2005）。また藤川 (2005) は家庭裁判所に送致さ

れた計 862 名の非行少年を独自のスクリーニングカードを用いて調査したところ，広汎性発達障害が疑われる者の割合が 2.8％であったと報告している。近藤や藤川の調査はあくまでもスクリーニングツールを用いた検査であり，確定診断でないことに注意を要するものの，英国だけでなく，わが国の司法現場にも一般の発生率を上回る率で ASD 者が出現している可能性は否めない。しかし Ghaziuddin ら（1991）はアスペルガー症候群の触法行為について大規模な文献調査を行い，症例報告されたアスペルガー症候群 132 名中，明らかな暴力行為に至ったケースは 3 名（2.27％）に過ぎなかったことを報告している。この発生率は同年齢の一般集団における暴力犯罪の発生率（7％）に比べて低いことから，Ghaziuddin らは自閉症やアスペルガー症候群での暴力行為の発生頻度は一般集団に比して低いと考察している。また，Newman ら（2008）は暴力犯罪を犯したアスペルガー症候群の 37 事例中 20 例（54％）が明らかに本件犯行時に他の精神疾患も併存していたと指摘し，アスペルガー症候群そのものが決して直接的に犯罪につながるわけではなく，併存する精神疾患の影響を考えなければならないと指摘した。このように ASD と反社会的行動との関連性については一貫したエビデンスはなく，世界的にも統一された見解はないのが現状である。

2. 注意欠如多動性障害（Attention-Deficit Hyperactivity Disorders；以下 ADHD とする）

　Moffit ら（1990）はニュージーランドで実施されている大規模前向きコホート調査を基に 3 歳時点で ADD（DSM-Ⅲによる診断。現在の ADHD との重複度は高い）と診断された者の約半数が 15 歳時点で非行化したと報告した。前述した Siponmaa らの 2001 年の報告（Siponmaa et al, 2001）では 126 名の若年犯罪者の調査で広汎性発達障害と同様に ADHD も約 15％存在したとされている。また前述した 2005 年の藤川の報告によると家庭裁判所に送致された計 862 名の非行少年への独自のスクリーニングカード調査では ADHD が疑われる者の割合は 5.7％であった（藤川，2005）。また渕上らも少年鑑別所においてスクリーニング検査を実施し，ADHD の疑いがある者が 12.4％いることを同じく 2005 年に報告している（渕上・近藤，2005）。

ADHD は多動，注意欠如とともに衝動性が重要な障害特性となるため，その衝動性が反社会的行動と不幸にして結びつくのはありうることと想像できよう。ただし十一は ADHD の反社会的行動について，併存障害や極端に不遇であったり不利であったりする環境要因（虐待など）がない限り，深刻な非行化はしないのではないかと自験例を基に推測している（十一，2008）。齊藤らは ADHD における複数の疫学研究を検討し，ADHD の罹患者の 30 〜 45％は反抗挑戦性障害が併存し，反抗挑戦性障害の罹患者の 25 〜 47％は素行障害に進展し，素行障害の罹患者の約 3 分の 1 は反社会性パーソナリティ障害に進展することに注目し，これらの疫学知見やいくつかの仮説を，子どもの成長・加齢という観点から捉えなおし，成長・加齢とともに ADHD 罹患者の一部が反抗挑戦性障害に進展し，そのまた一部が素行障害に進展し，最終的にその一部が成人以降に予後不良な反社会性パーソナリティ障害に進展するという，破壊的行動障害（DBD：Disruptive Behavior Disorder）としての一連の進展を「DBD マーチ」として提唱した（齊藤・原田，1999）。齊藤はこの結果について ADHD の破壊的行動のリスクよりも，いかに ADHD 者が適切な支援を受けられていないか，適切な支援を受けられれば DBD への進展がなかったはずの ADHD 者が，不適切な対応を取られることで二次的に破壊的行動を呈さざるを得なかったという事象に注目すべきことも主張しており，筆者もこの点は大いに同感である。

II　発達障害者に反社会的行動が生じる背景

英国自閉症協会の Mills はこれまでの ASD と反社会的行動・犯罪に関する複数の報告を総合的に考察し，ASD 者による反社会的行動を含む問題行動を 3 つの因子から論じた（Mills, 2011）。つまり，準備因子（Predisposing factors），誘発因子（Precipitating factors），永続因子（Perpetuating factors）である。

準備因子とは，その因子自体は問題行動に直結しているわけではなく，その因子のみで問題行動が惹起されるわけではないものの，問題行動につながりうる可能性を持った因子である。準備因子に含まれる因子は，たとえば「行

動に伴う結果を予測できない」「他者の感情や反応を予測できない」「社会のルールを誤解したり，社会のルールに捉われすぎる」「字義通り解釈」「硬直性」「拘りや強迫」「衝動統制不良」「感覚過敏」「他の精神疾患の併存」等であり，障害特性を中心とした因子といえよう。

　そして準備因子が基盤として存在する中で次の誘発因子が生じてくると反社会的行動を含む問題行動が惹起されると考えられる。誘発因子として挙げられている因子は，「社会的な孤立や情緒的なつながりの欠如」「家族からの虐待や過度の叱責」「いじめ」等のいわゆる二次障害を惹起すると考えられている因子や「ルーチンの破壊や感覚過敏などから生じる強い不安やパニック」「犯罪やその効果への興味関心の発生」「本人の障害特性を利用して悪事を企む他者の存在」等の偶発的要素を含んだ因子である。二次障害について考えると，発達障害の本来の中心的概念は「何らかの脳機能の障害のために，年齢に期待される発達課題を達成できない」ことといえよう。したがって発達障害自体は本来は社会的評価とは無関係の障害であるはずである。しかし実際は発達障害の障害特性はさまざまな社会的評価と結びつき，多くの場合，社会的評価は低下する。その結果として「いじめ」「虐待」「理不尽で過度な叱責」等が生じるリスクが高まる。それらが続くと当然ながら本人の自尊心や自己肯定感は毀損し，他者や社会を信頼できなくなる。基本的信頼感が損なわれ，本人は大きな生きづらさを抱えるようになる。このようになると反応性にさまざまな症状が出現してくる。これがいわゆる二次障害であるが，二次障害の症状には抑うつや不安のように内在化していく症状もあれば，暴力や反社会的行動，不登校，ひきこもり等のように外在化していく症状もある。発達障害の存在が早期に発見され，早期から正しい支援を受けられれば二次障害は生じないはずであるが，発達障害の存在に周囲が気づけず，正しい支援がなかった場合，二次障害を呈するリスクが高まっていく。厄介なのは，二次障害である内在化症状・外在化症状が華々しく出現すると周囲の耳目はそれらの症状に集中し，結果的に基盤として存在する一次障害（発達障害）に一層気づけなくなってしまうことである。その帰結として社会的な評価が一層低下したり，周囲の不適切な対応がエスカレートしたりして，二次障害も一層増悪するという悪循環が生じてしまう。問題行動が悪化していく

際には，このような状況が背景として存在することが多く，問題行動の改善や矯正には，このような状況へ適切に介入していく必要がある。前述したように発達障害（一次障害）そのものが直接的に反社会行動に至る危険因子であるとの統一的なエビデンスはない。無論，発達障害者の一次障害特性が準備因子として反社会行動の惹起やその内容に影響する可能性は大きい。しかし，犯罪や非行に至る危険因子となるのは，むしろ発達障害者に対する周囲の不適切な対応や支援であって，それらが二次障害を引き起こし，外在化症状としての犯罪や非行を惹起していることが多いのである。このことは前述したDBDマーチ概念にも当てはまる。また，二次障害の誘因となる因子以外に偶発的要素を含む因子が挙げられていることも重要である。ASD者の惹起した犯罪や非行の中にはパニックを起こすような偶発的な要因が重なって生じたり，たまたま反社会的行動につながるような興味関心を持ってしまったために生じたと考えられるケースも多い。誘発因子が違えば，その介入方法も当然違ってくるため，このアセスメントは重要となる。

　最後の永続因子とは反社会的行動を含む問題行動が繰り返されるようになるための因子である。これには「計画的で正しい介入が為されない」「誘発因子が継続している」「併存する精神障害の治療が為されない」等が挙げられている他に，「誤った内的スキーマの確立」が挙げられている。この誤った内的スキーマとは，ASD者が持つことがある誤った思考パターンで「他人や警察に知られなければ犯罪は認識されないのだから，捕まることもなく，やってよい」「社会に迷惑をかけたりする人は社会にとって重要でない人であるから，ひどい目にあわせてもよい」「社会に迷惑をかける人をやっつけるのは社会から感謝されるはずだから，やっつけてよい」等である。これらが確立・固定化すると反社会的行動は繰り返されるため，周囲がいかに早くそういった誤ったスキーマの存在に気づき，修正介入をするかが重要となる。Millsは永続因子について，「反社会的行動に対して単に罰するだけの対応を取ることは最も強い永続因子になりうる」と指摘している。

　これら3因子でのアセスメントはASDだけでなく発達障害ひいては精神障害を持つ人々に起こる問題行動全般のアセスメントに応用できる。そして正しい介入ポイントを明確化する。発達障害は生来の脳機能の障害であるため

に，準備因子として挙げられているような障害特性は，変化しないとはいえないものの変化させることが難しいのも事実である。しかし，誘発因子や永続因子は介入可能なことが多く，これら介入可能な因子を明らかにすることは正しい支援を選択し，結果として正しい矯正効果を生み出すことに資する。

III 発達障害は反社会的行動のリスクファクターか？

　以上のようなことから発達障害を持つことが犯罪や非行に直結するリスクファクターといえるであろうか？　非行研究や犯罪研究の分野では非行や犯罪を起こしやすくさせるリスクファクター研究が以前から行われてきた。そういったリスクファクター研究と前述してきたような発達障害と非行・犯罪についての調査・研究が結びついた結果，現在，世界的には，発達障害そのものは非行や犯罪のリスクファクターではなく「適切な支援を受けていない発達障害」が非行や犯罪のリスクファクターであるとする見解が主流となってきている。この「適切な支援を受けていない」という内容は，虐待やいじめ，理不尽な叱責といった明らかな不適切対応に留まらない。前述したようにASD者が社会的に不適切な興味や関心に固執したりすることがあるが，そういった不適切な興味・関心・行動などへの放置や誤った指導も不適切な対応に含まれる。

　また発達障害者はその障害特性ゆえに，そして社会内で少数派であるがゆえに，多数派である定型発達者が違和感を感じるような非社会的行動を呈してしまうことをしばしば認める。しかしASD者などの支援に携わっていれば，彼らの中で反社会的行動に興味を示す者は少なく，むしろ法律や規則などのルールを頑なに守ろうとする者も多いということを感じることが多い。そして，ASDの存在と反社会的行為を加害や被害の視点で捉えなおすと，実はASD者は，その障害特性ゆえに加害者となることよりもしばしば被害者になりやすい（リスクが7倍という報告もある［Murrie et al, 2002］）。ASD者にいじめや虐待の被害を受けた経験が多いのはその一端といえよう。つまり「発達障害者は発達障害であるが故に犯罪や非行を犯しやすい」といった考えは明らかに誤解であり，このような誤解は確実に発達障害へのスティ

グマを増大させる。われわれは社会への正しい知識の普及を努める必要があろう。

IV 触法発達障害者の矯正や支援

　筆者が知る限り，反社会行動を呈する発達障害者に特化した矯正プログラムで世界的にエビデンスの得られているものは現時点では存在しない。したがって現状で可能な最善の支援や介入は障害特性を熟知し，それに最大限の配慮をした上で，エビデンスのある，既存の矯正のための支援や介入の方法を応用していくことと考えられる。また反社会行動の背景にバイオロジカルな要因や精神障害が隠れている場合もあり，これらの要因を見逃すと適切な介入・支援につながらない。WHOは疾患のあるべき治療モデルとして「バイオ・サイコ・ソーシャルモデル」を提唱しているが，触法支援においても本モデルは当てはまる。反社会行動をわれわれはサイコロジカルな視点やソーシャルな視点で見てしまいがちになるが，バイオロジカルな視点も忘れてはならず，視点のバランスを保たねばならない。また，反社会行動は社会的行動障害の一種と捉えられ，その対応にも高度に社会的対応が必要となる場合が多い。つまり単一分野にて解決しうるケースは少数派であり，福祉・教育・行政・司法・心理・医療などの分野と連携・協力が必須である。その実践に当たって筆者が有効と考えているいくつかの技法や考え方も合わせて紹介したい。

1．現在の矯正の世界的潮流
1）リラプス・プリベンション・モデル
　現在，世界的に犯罪矯正の技法として認知行動療法が多く採用され，その有効性・妥当性も検証されている。この認知行動療法を基盤とした技法の一つに 1980 年代に性加害矯正に導入されたリラプス・プリベンション・モデル（Relapse Prevention Model）がある（Pithers et al, 1983）。本モデルでは繰り返される問題行動の中で加害者のリスク要因を分析し，そのリスクへのコーピングスキルを学び身につけることで再犯防止を図る。たとえば，幼

児わいせつの加害者が「再度の性加害を決意するより以前から，小学校周辺を徘徊してしまう」といった高リスク状況を無意識に選択してしまうことはよく認められる。そのような状況を起こさぬよう，起こしても再度の性加害に至らぬよう，コーピングスキルを身につけていくのである。繰り返される問題行動には一定のパターンやサイクルが存在することが多いが，これは定型発達の犯罪者でも発達障害を抱える犯罪者でも，そのパターンやサイクルに各々の障害特性などが反映されているとはいえ，パターンやサイクルが存在するという点では同様である。したがって，そのパターンやサイクルの解釈とそこにあるリスクへのコーピングスキル習得に発達障害特性を配慮すれば，この技法は発達障害者への矯正にも十分に活用できる。

2) ポスト・リラプス・プリベンション・モデル

リラプス・プリベンション・モデルは犯罪矯正において大きな成果を挙げ，再犯率の低下に貢献したが，実施後に再犯に至る群もまた存在し限界も指摘された。これは同モデルが多様なサイクルや特性を持つ加害者に対応しきれていないことや，禁止事項が多いリスクマネージメント偏重でモチベーションが保ちにくいことが原因とされた。それらの問題点への回答の一つとして提案されたのがセルフ・レギュレーション・モデル（Self-Regulation Model）である（Ward et al, 2006）。本モデルでは加害に至るパターンやサイクルを類型化し，より詳細にアセスメントを行って，より効果的なコーピングスキルを身につけるように進めていく。このセルフ・レギュレーション・モデルはリラプス・プリベンション・モデルの直接的な進化型であり，したがって発達障害者への矯正にもリラプス・プリベンション・モデル同様に応用できると考えられる。

リラプス・プリベンション・モデルの限界に対して提案された，もう一つの重要な加害矯正モデルがグッド・ライブス・モデル（Good Lives Model）である（Ward & Stewart, 2003）。本モデルは加害者を含めてすべての人間は幸福を得るために行動していると仮定し，加害者は自ら求める幸福を社会的に認められない手段で得ようとしていると考える。そこで社会的に認められる手段で対象者の幸福を自己実現させていく支援をしていこうとするのが

グッド・ライブス・モデルである。この理念は一見すると当たり前のことのように感じることが多いかもしれない。しかし現実に社会内でそういった支援が実現できているのかといえばけっしてそうではない現実に気付かされる。good life の内容は人によってさまざまであるし，本人がモチベーションを持って取り組める目標，しかもそれが社会的に容認される目標，そういった目標設定にしないとこのモデルは意味がない。発達障害者はその障害特性ゆえに定型発達者と価値観や幸福の基準が違っていることは有るかもしれない。しかし，違っていても社会的に容認される幸福追求や自己実現であるならば，それは尊重されるべきで，本モデルも発達障害者の矯正には極めて有効と考える。発達障害者はその障害特性や二次障害ゆえに多大な生きづらさ（一種の不幸感や不遇感）を感じていることが多く，その生きづらさを解消し，社会的に容認される幸福を感じられるようになることは強力な再犯防止策となりうる。これらリラプス・プリベンション・モデルとポスト・プリベンション・モデルは互いが矛盾するものでなく，処遇対象者に対して十分なアセスメントを実施した上で，併用していくことも可能である。つまり，どの技法を組み合わせていくのかを検討する必要がある。

2. COMPAS（コンパス）

長澤らが提唱した COMPAS（Collaboration Model with Teachers and Parents for Support to Children with Disabilities）は障害のある子どもと関わる教師や親への支援を目的とした協働モデルで，本来は教育モデルである（長澤・他，2005）。しかし筆者は問題行動を抱える発達障害者への社会内支援においては極めて有用なエッセンスが詰まったモデルと考えており，教育以外の福祉や医療の分野でも，また成人対象者でも，本モデルは活用可能と考えている。COMPAS における理念の一部を抜粋すると「可能な限り関わるすべての人で，指導チームを」「教育や心理等の専門家もチームに」「チームメンバーは互いを尊重」「問題行動が改善することにより，よりよい生活を保障し，メンバー全員の生活の質の向上を目指す」「指導に関する教育のビジョンを共有」「メンバーの専門性や特性を尊重」「指導とその指導による結果について責任を共有」「生活の場で指導」等であり，行動障害を抱える

対象者への支援としても重要な理念が並んでいる。また問題解決の実践方法として挙げられている方法の一部を抜粋すると「悩みを聞くこと」「利益となる目標設定をすること」「複数のアセスメントを実施」「個別の指導計画を作成し，共有」「有効だと考えられる指導方法を積極的に導入」「生活する場面で指導する」「問題行動に代わる行動を伸ばす」「指導結果を客観的に記録する」等であり，行動障害を抱える対象者への支援実践として重要である。1つの機関や部門で抱え込まず，幅広くチームを編成し，対象者とよく話し合い，対象者の利益になる（つまり対象者がモチベーションを持って取り組める）目標や計画を個々に設定し，結果として対象者と支援者が共に good life を享受できるような支援を実現していくべきであろう。また，挙げられている「客観的記録」も重要で，成功した支援情報も失敗した支援情報も今後の支援にとって有用な情報であり，その蓄積は他の支援対象者への支援にも有用なデータベースとなりうる。支援者が変更となっても，そういったデータベースが利用しやすい形であれば円滑な交代が可能となろう。シンプルで負担の少ない，統一されたフォーマットでの情報記録を心掛けるべきである。

3．アセスメントの重要性

　Andrews らは再犯防止介入においては対象者のリスクに見合った密度の処遇を実施せねばならぬことを指摘している（Andrews & Bonta, 2010）。複数の研究でも手厚い介入をすればそれだけ効果が上がるというものではなく，過剰な介入は逆に再犯率を上昇させてしまう，つまり逆効果となることがあると判明しており，対象者の介入ニーズをいかに正確にアセスメントするかは重要である。上述した COMPAS でも複数のアセスメントが推奨されているが，対象者が発達障害者の場合，障害特性に配慮した，発達障害用アセスメントツールや前述した3因子によるアセスメント等も加えた精密なアセスメントを実施し，支援チームでの検討の上，正しい介入や支援方法を選択するべきであろう。

4．SPELL

　英国自閉症協会は ASD 者への支援の基本理念として SPELL（Structure：

構造化，Positive：肯定，Empathy：共感，Low arousal：興奮させない，Links：連携）を挙げている（The National Autistic Society, 2011）。この理念はASDのみならずすべての発達障害者にも十分に適応でき，当然，触法発達障害者への支援にも重要である。発達障害者はその障害特性ゆえに定型発達者と認知のずれが生じており，それが時として周囲の誤解を生んで状況を悪化させてしまうことがある。たとえば加害行動について彼等は「悪いと思わない」「謝るつもりはない」等と発言して批判を受けることがある。これを定型発達的な視点で字義通りに捉えれば，確かに批判されても止むなしなのであるが，彼等の話をよく聞いていくと実は彼らなりに「反省」や「謝意」の念を持っていることも多い。ところが彼等の認知，言語処理の中ではそれらが「ごめんなさい」という言葉につながらないのである。こういった発達障害者独特の認知のずれを理解し，共感する力を支援者が身につけなければ，彼等を正しく理解し，正しく支援することはできない。

おわりに

　反社会的行動を呈した発達障害者の矯正に単一の正解はない。特化した支援方法が確立されてもいない。個人や単一の機関で可能な支援は限られており，過重な責任を感じて支援を敬遠するたらい回しも生じやすい。したがってまず支援チームを作ることを優先しなければならない。その上で，SPELLを念頭に置いた支援を展開し，その上で対象者とよく話し合い，綿密なアセスメントを行い，彼等の障害特性や背景，生きづらさ等を正しく理解し，彼等の今後のGood life実現のため必要な支援，彼等がモチベーションを持って取り組める支援が何かをチームで検討し，地道に提供していくしかないのである。触法障害者の支援は往々にして長期にわたって多様な支援が必要となるケースが多い。焦らず時間をかける必要があることも留意しておくべきであろう。

文　献

Andrews DA & Bonta J（2010）The Psychology of Criminal Conduct. 5th

Edition. NZ, Elsevier.
渕上康幸・近藤日出夫（2005）注意欠陥／多動性障害と非行との関連の検討．（少年問題研究会編）発達障害と非行に関する実証的研究―日立みらい財団研究報告書．pp.45-81, 日立みらい財団．
藤川洋子（2005）青年期の高機能自閉症・アスペルガー障害の司法的問題―家庭裁判所における実態調査を中心に．月刊精神科 7（6）; 507-511.
Ghaziuddin M, Tsai L & Ghaziuddin N（1991）Brief report : Violence in asperger syndrome, a critique. Journal of Autism and Developmental Disorders 21（3）; 349-354.
Howlin P（1997）Autism : Preparing for adulthood. London, Routledge.
幸田有史（2009）自閉症スペクトラム障害の青年期について．（高木隆郎編）自閉症―幼児期精神病から発達障害へ．pp.153-161, 星和書店．
近藤日出夫・渕上康幸（2005）自閉症スペクトル指数（AQ）を用いた高機能広汎性発達障害と非行との関連の検討．（少年問題研究会編）発達障害と非行に関する実証的研究―日立みらい財団研究報告書．pp.1-44, 日立みらい財団．
Mawson D, Grounds A & Tantam D（1985）Violence and Asperger's syndrome : A case study. British Journal of Psychiatry 147 ; 566-569.
Mills R（2011）ASD and offending. PandA-J 第13巻: 発達障害の世界―司法やメディアが理解するために : イギリスとわが国の「発達障害者と触法」を考える．PandA-J.
Moffit TE（1990）Juvenile delinquency and attention deficit disorder : boys' developmental trajectories from age 3 to age 15. Child Development, 61（3）; 893-910.
Murrie DC, Warren JI, Kristiansson M & Dietz PE（2002）Asperger's syndrome in forensic settings. International Journal of Forensic Mental Health 1（1）; 59-70.
長澤正樹・関戸英紀・松岡勝彦（2005）こうすればできる問題行動対応マニュアル―ADHD・LD・高機能自閉症・アスペルガー障害の理解と支援．川島書店．
Newman S & Ghaziuddin M（2008）Violent crime in Asperger syndrome : The role of psychiatric comorbidity. Journal of Autismand Developmental Disorders, 38 ; 1848-1852.
緒方あゆみ（2013）発達障がい者の刑事責任能力と量刑判断. CHUKYO LAWYER19; 1-26.
Pithers WD, Marques JK, Gibat CC & Marlatt GA（1983）Relapse prevention : A self-control model of treatment and maintenance of change for sexual aggressives.（J greer & IR Stuart eds.）The Sexual Aggressor : Current perspective on treatment. pp.214-239. NewYork, Van Nostrand Reinhold.
齊藤万比古・原田謙（1999）反抗挑戦性障害．精神科治療学 14（2）; 153-159.

Scragg P & Shah A (1994) Prevalence of Asperger's syndrome in a secure hospital. British Journal of Psychiatry 161 ; 679-682.

Siponmaa L, Kristiansson M, Jonson C, Nyden A & Gillberg C (2001) Juvenile and young adult mentally disordered offenders : The role of child neuropsychiatric disorders. Journal of the American Academy of Psychiatry and the Law 29 (4) ; 420-426.

The National Autistic Society (2011) Autism Spectrum Disorders. London, The National Autistic Society.

十一元三（2008）発達障害と反社会的行動．(齊藤万比古総編集）発達障害とその周辺の問題（子どもの心の診療シリーズ2). pp.133-143, 中山書店.

Ward T & Stewart C (2003) The treatment of sex offenders : Risk management and good lives. Professional Psychology Research and Practice 34 (4) ; 353-360.

Ward T, Yates PM & Long CA (2006) The Selfregulation Model of the Offense and Relapse Process. volume 2 : Treatment. Victoria, BC, Trafford Publishing.

第11章
発達障害と家族支援

井上雅彦

はじめに

　多くの人は人生の初期からかなりの時間，家族という集団社会の中で成長し過ごす。子どもにとって家族はその成長のための重要な環境の一つである。発達障害に限らず，知的障害，身体障害，その他難病のある子どもも含めて，その子どもだけでなく，家族も含めて支援することの重要性は言うまでもない。

　発達障害者支援法（2005）の第13条には発達障害者の家族に対する支援の必要性が明記されている。しかしながら，発達障害における家族の支援ニーズは，子どもの障害の種類や程度という個人的要因，親の健康や経済状況や家族関係などの家庭に関する環境要因に加えて，診断時期も含めた子どもの成長過程による時系列的要因によっても変化する。

　特に発達障害の場合，身体障害や知的障害と比較して，社会性の発達の遅れや感覚過敏・鈍麻といった感覚の問題などは，親にとって非常にわかりにくい特徴である。また発達障害は，障害が疑われてから診断を受けるまでの時間が他障害に比べても長い（相浦・氏森，2007）ことが指摘されている。

　親の障害への気づきや理解の困難は，その後の支援に大きく影響する。発達障害に対する乳幼児健診のシステムや精度，早期発見から支援への体制は，発達障害者支援法の整備以降，各自治体で改善がなされてきているが，親の理解と協力なしには健診から支援へと繋がらない。早期支援システムの中でも親への支援は大きな課題となっている（本田，2014）。

　親にとって診断後は発達障害の特性を理解するだけでなく，地域での支援機関・教育機関や制度についての適切な情報提供，さらに具体的対応方法

や養育方法を学ぶ場も必要である。親に対する地域の情報提供を促進するため，わが国においても従来の親の会活動に加えて，親による親のための相談・支援のしくみとして，ペアレント・メンターによる相談活動が推奨されるようになってきた（井上・他，2011）。また親が発達障害の特性に対して具体的な対応方法や工夫を学ぶ場として，ペアレント・トレーニング（井上，2011；岩坂・他，2004）やペアレント・プログラム（辻井，2014）などのパッケージ化された親支援プログラムが各地で広がりつつある。

青年期以降の親の精神面のケアに対してもニーズが高まっている。特にASDでは児童期以降の不安障害などの併存が生じた場合，家族内のストレスや関係性，相互交渉を困難にする可能性が指摘されている（Reavan et al, 2009）。

さらに親を含めた養育者の高齢化にともなって福祉的支援の必要性も高まる。平成24年度から施行となった障害者虐待防止法の施行後の調査（厚生労働省，2013）によると，養護者による虐待が通告件数の多くを占めることが明らかになっている。このデータからは養育困難が，乳幼児期や児童期だけでなく，青年期や成人期，そしてさらに養育者である親自身が高齢を迎える時期など，ライフステージを通じて家族支援が必要であることを示唆している。

本章では，主として親を中心とした，ライフステージごとのニーズとその支援方法について述べ，地域での具体的な支援システムのあり方やその課題について考察したい。

I　家族における支援ニーズの理解

たとえば同じ診断の2人の子どもが同様のこだわり行動を示していたとしても，ある家族では問題になり，別の家族では問題にならないこともある。また同じ家族の成員の中でも問題性の認識がまったく異なる場合もある。問題性の認識やニーズは，家族の生活環境や成員，そしてその関係性によって変わってくる。支援者は先入観や価値観にとらわれず，各々の家族のニーズについて十分な情報収集を行う必要がある。

家族の生活環境や成員とその関係性のアセスメントは，家族支援を行う上で重要な情報をもたらす。障害のある子どもを持つ母親の育児ストレスは，父親の母親に対する態度により影響を受けることが複数の研究で指摘されており，父親の育児参加だけでなく，父親と母親のコミュニケーションも母親の育児不安の減少に関与することが示されてきている。

　たとえば，母親が子どもの強いこだわりや癇癪により，育児に関して強いストレスを抱え込むことになった場合，父親が母親の話を聞き，共感しサポートできれば養育ストレスのいくらかは軽減されると考えられる。また，そのような家族内での自然的相互的関係が生じるか否かは，夫婦関係，父親の障害理解や子どもとの関係性，父親自身の精神状態やストレスなどの要因が関係する。家族の一人を支援するためには他の家族の状態や関係性を把握し，場合によっては複数の家族に焦点をあてて支援を組み立てていく必要がある。相談者が母親のみであったとしても，家族の関係性をアセスメントすることは可能であるが，その場合の関係性はあくまで母親から見た視点であることに留意し，多面的な情報収集を心がけるべきである。

　障害のある子どもの家族研究において，父親に関する研究は母親に比べてその数は少ないが，発達障害児をもつ父親と，他の父親（てんかん治癒児の父親）との比較において，うつ傾向・不安が高いこと（芳賀・久保，2009）や，診断からの障害の受け入れに関しても母親と比較してネガティブな感情を抱きやすく障害を認めたくない気持ちが強いこと（山岡・中村，2008）も報告されている。

　祖父母についても研究や実践は不足している。子育てに対して祖父母の理解や協力が得られるかどうかは，両親のストレスに大きな影響を及ぼす。また進路決定や夫婦への経済的支援についても大きな影響を与える場合があることも先行研究で指摘されている（今野，2011）。祖父母が子どもの障害について受容することを拒む場合，親にとっては大きな心理的負担となるが，一方では祖父母からのサポートは親に対して大きな助けになる（Seligman, 1991）。祖父母については父親と同様，障害特性やかかわりについての学習の場が不足しているため，支援の選択肢を増やしていくことが必要であろう。

　きょうだいについては，「発達障害のわかりにくさ」からもたらされるト

ラブルやストレス,親からの注目の不足や過剰な期待,きょうだい自身の結婚や進学,将来の生活についての悩みなどが適応に関わる要因として指摘されている。きょうだいは家族の中で最も長く本人とかかわる存在であり,支援の充実が求められている。きょうだいのための心理的支援プログラムの代表的なものとしてシブショップ(Meyer & Vadasy, 1994)プログラムがある。シブショップの効果としては,グループ活動の中で普段出会うことの少ないきょうだい同士の出会いや交流を通して,普段親や同胞に対して抱いている感情の表出や共感,ストレスの軽減,同胞の障害理解や葛藤場面の対処法の理解等に寄与することが示されている(井上・他,2014)。きょうだい支援を地域ですすめていくためには親の障害理解が前提であり,親の会などを母体としたプログラムの実施が望ましい。

II ライフステージによる家族支援ニーズの変化と支援

1. 乳幼児期の家族支援

　家族支援のシステムはライフステージを通じて整備していく必要がある。前述のように親の相談・支援ニーズはさまざまな要因によって変化する。井上と井上(2014)は大まかなライフステージごとの家族支援のニーズを示している(表11-1)。これは幼児期に診断を受けた子どもの家族の場合であり,児童期や青年期,成人期で診断を受けた場合の支援ニーズはまた異なったものになるであろう。以下,このようなライフステージにそって家族の支援ニーズとその支援について概説する。

　幼児期の家族支援は,①気づき段階の支援,②診断前後の支援,③支援や相談に関する情報提供,④障害特性の理解に基づいた具体的な支援,⑤就学相談,の5つに大別できる。特に気づき段階,診断の前後の時期において,親は多くの葛藤や不安,ストレスに直面する。特に発達障害のある子どもの親は,知的障害を伴わない場合,気づきや診断ともに遅れる傾向がある(山根,2010)。HowlinとAsgharian(1999)による英国の調査では,気づきの段階は知的障害を伴う群が平均11カ月なのに対して知的障害を伴わない群は平均30カ月になるとし,知的障害を伴わない群の親は,診断を得るまで

表11-1 幼児期に診断を受けた場合のライフステージごとの相談・支援ニーズの変化（井上・井上（2014）を改変）

時期	ライフステージごとの相談・支援ニーズの例
幼児期	①気づき段階の支援 ②診断前後の支援 ③支援や相談に関する情報提供 ④障害特性の理解に基づいた具体的な支援 ⑤就学相談
児童期	⑥親・きょうだいとの関係や家庭での問題行動についての相談・支援 ⑦学習や学校適応に関する相談 ⑧教師や学校に関する相談 ⑨友人関係に関する相談 ⑩いじめ・不登校などいわゆる二次的な問題に関する予防と治療 ⑪投薬に対する理解や相談
青年期	⑥～⑪に加えて ⑫異性との関係に関する相談 ⑬不安障害などの併存症に関する相談 ⑭ひきこもりや家庭内での不適応行動に関する支援 ⑮進路・就労に関する相談 ⑯地域生活や一人暮らしについての相談支援
成人期	⑪～⑯に加えて ⑰友人・近所・親戚も含めた人間関係に関する相談 ⑱職場内トラブル・失職・求職・転職などの就労関係に関する相談 ⑲消費トラブルや経済的な問題に関する相談 ⑳本人夫婦の関係や子育てに関する相談 ㉑後見人制度や親なき後の不安に対する相談

の長い時間の中で大きなフラストレーションを経験していることを指摘している。気づきや気づきから診断までの期間が長ければ，その間親は自身の育て方を責め，適切な情報や具体的な援助が得られずに，不安を長期間体験する可能性もある（柳楽・他，2004）。

気づきの段階での支援は，親の気持ちにより添いながら本人支援を開始し，支援者と親とが信頼関係を築きながら専門相談へとつなげていくことが求め

られる。保健師，保育士，幼稚園教諭などの支援者が子どもの発達の遅れや偏りに気づいていたとしても親が同レベルの気づきを持っているとは限らない。また親が子どもの発達の遅れや偏りに気づいていたとしても，園などの集団の場で過剰適応してしまうタイプの子どもにおいては，支援者にそれを否定されてしまうこともある。支援者は親の気持ちに寄り添い，共感しつつも，親との間に気づきのギャップがどの程度あるかを把握しながら共通理解を図っていく必要がある。

　診断に関する親の受け止めは，医師による診断告知の方法や時期，親の発達障害に対する知識や心理的状況によって大きな影響を受ける。いわゆる障害診断後の親の心理的変容過程についてはさまざまなモデル化（Drotar et al, 1975；中田，1995）がなされてきているものの，発達障害の障害受容過程モデルにおいては影響を及ぼす要因の多様性から一般化には限界があるように思える。

　診断告知のあり方は，親の受け止め方や障害理解に大きな影響を及ぼすことはいうまでもない。診断告知は親に対して悲嘆や自責の念，抑うつや怒りなどの否定的な感情だけでなく，肯定的感情を引き起こすことも多くの研究で指摘されている。山根（2011）は高機能広汎性発達障害をもつ母親の診断告知時の感情体験と関連要因について検討し，診断告知において，それを受けるタイミングや育児ストレスを踏まえた対応，当面の指針となる具体的な助言と情報の提供の必要性を指摘している。

　親に子どもの発達の問題を伝える際には，親の納得と理解が得られるような明確さと共に，適切な養育へと繋がっていくような情報提供に留意する必要がある。十分な説明やインフォームド・コンセントの基で診断の根拠となる発達的なアセスメントを実施することはもちろん，そのフィードバックの際も子どもが良くできている領域から伝え，苦手な領域については配慮事項やさらなる情報のアクセス先を伝える。具体的アドバイスは親の精神状態や家庭環境に留意して，親が成功体験を得られるよう実行可能なレベルで行うことが望まれる。しかしながら，一方では診察時間の中だけで十分な診断告知とフォローを行うことは限界もあり，診断後のケアやフォローを多職種が連携して行えるシステムを工夫していく必要がある。

本田（2014）は初診後の診断・評価の精緻化と親の動機付けを目的として短期間療育としてのオリエンテーションプログラムの設置など，健診，診断，療育の間のインターフェイスを重視するコミュニティモデル（DISCOVERY）を推奨している。また，鳥取県では2013年より発達障害のある子どもの親であり，相談者であるペアレント・メンターによる病院での情報提供や相談を開始している。

　診断後の支援は，親の気持ちへのより添いに加えて，療育機関の情報提供や障害特性の理解に基づいた子どもに合わせた対応方法など，子育てに関するより具体的な疑問に応えていく支援が求められる。また障害特性に対する理解を深めつつ，食事，着替え，入浴，排泄，睡眠といった日常生活の中で生じる困難，ことばや認知発達の遅れ，こだわりや感覚過敏，集団適応の困難さ，などへの疑問に答えつつ，共感的に聞き取り，日々の子育てやかかわりの中で可能な具体的な工夫を共に考えていく必要がある。

　ペアレント・トレーニングはこうしたニーズに対応できる支援プログラムといえる。ペアレント・トレーニングの中で取り扱われるプログラム内容としては，子どものほめ方やしかり方，こだわり行動や問題行動への対応，ストレスマネジメント，身辺自立や生活の中でのスキルの教え方などがあり，講義，グループによる話し合い活動，ロールプレイ，ホームワークなどの活動を通じて学んでいく。ペアレント・トレーニングの中身をどのようなものにアレンジするかは，参加者の年齢や障害種や重さニーズの違いによって異なる。

　幼児期における最後のハードルは就学先の決定である。この時期には発達評価を含め園や学校との話し合いの中で，情報収集やそのための見学などをこなし，夫婦や家族間での共通理解を図りつつ，就学先を決定していかなければならない。就学に対する支援では，家族間の意見の一致に至る不安や葛藤に寄り添いながら意思決定支援のための情報提供を行う。特に進路決定の手がかりとして進路先の特徴を伝えるだけでなく，地域の進路先の情報収集の方法などを伝えることが重要である。最近では教育委員会主催の就学相談会が設置されている地域が増え，就学先の最終決定に対する親の意見が尊重されるようになってきているが，実際に子どもを地域の学校に通わせている

先輩の保護者の声を聞きたいというニーズは高い。前述のペアレント・メンターなどの先輩保護者によるグループ相談会などを開催している地域もあり，新しい就学時支援の一つの方法といえる。

2．児童期の家族支援

　児童期は学習や学校適応に関する相談，それに関連する教師との関係や学校への不満など学校に関わる相談ニーズが中心となる。特別支援教育が定着しつつある一方で，通常学級の中での個に配慮した支援にはまだ課題が多い。通常学級の中で生じるクラスメイトや教師との対人関係の困難，学習困難，校内の物理的・人的支援の不足などは，いじめや不登校といったさまざまな二次的な問題を生み出す要因となる。

　不適応に対する予防や問題解決にあたっては，まず親と教師の相互理解と協力関係が必要となる。学齢期の相談機関は教育関係の機関が主となり乳幼児期と比較して，親が相談したいときに行けるところは限定される。また専門機関との支援会議や巡回相談などは一般的に「学校からの依頼」によって動き出すものが多く，学校側が積極的でなければこれらの支援にたどり着くことができない可能性もある。教育センターなどの親向けの相談も，相談はできても直接学校に介入できないというところも多く，相談の場はあっても現場での積極的な問題解決のためには，親が担任教師と学校に直接働きかけざるを得ない現状がある。

　家庭と学校の連携に際して，家庭や親の側に何らかの課題があり，担任教師が親との連携関係を作れない場合，担任教師自らが問題を抱え込まないために特別支援教育コーディネーターや管理職からの支援，校内スクールカウンセラーのコーディネートなどが必要である。校内組織で解決が困難な場合，外部から専門機関が介在する必要があるが，外部機関との連携に消極的な学校が多かったり，対応できる専門機関が少なかったりというケースもある。また親への理解や対応については，教員養成段階でのカリキュラムや，現場に入ってからの研修も十分でないことも課題としてあげられる。

　家庭と学校の連携が困難なケースにおいては，担任や学校のみで対応するのではなく，福祉・医療・司法など専門機関を交えたケース会議の設定が必

要となる。特に脆弱な家庭基盤のケース，親自身も発達障害や精神疾患を抱えているケース，親が子どもの障害や発達の遅れを受け入れることが困難なケースなどにおいては，場合によっては地域の要保護児童対策協議会において関係機関が定期的な情報交換を行い，地域全体での家族支援体制から予防的な対応をしていくことが重要である。

　医療・福祉に関する情報や知識の中で親のニーズが高いものとして，投薬関連，医療機関との付き合い方，児童デイサービスやレスパイトの利用の仕方などがあげられる。このため医療や福祉関係の専門家と親の会などとの交流会の開催や，ペアレント・メンターからの情報提供なども望まれる。

3. 青年期以降の家族支援

　思春期・青年期では子どもたちはさまざまな葛藤や悩みを抱えるようになる。親から精神的に自立したいと思う気持ちや認めてもらいたいという気持ちが親への反抗と甘えという形で現れることもある。また親からの指示を嫌悪的に感じたり，受け入れられなくなったり，反発したりするようになる。一方親自身も子どもの反発的態度に誘発されて感情的な叱責や高圧的な指示を行いやすく，コミュニケーションの悪循環を生じさせることもある。

　特に発達障害のある子どもの場合には，たとえば「ダメな子だ」などの叱責の言葉を字義どおり全人格否定と受け止めてしまうケースや感情のコントロールが困難なため，いわゆる「キレる」状態になってしまうケースもある。また親も「成人までに親の責任でなんとかさせないと」という焦燥感や「どこまで許してよいのかわからない」という不安感に悩まされたりするケースもある。

　こうした思春期の子どもとのかかわり方の変化について，思春期の課題を中心テーマとした親に対するカウンセリングや思春期向けのペアレント・トレーニングによる支援が考えられる。特に思春期を対象にしたグループペアレント・トレーニングは親の抑うつの改善やかかわり方の変容に有効な結果を示している（Matsuo, et al 2015）。

　思春期・青年期における家族支援では，親自身の子どもの成長に対する焦

りや不安に寄り添いながら，この時期独特のかかわり方の困難さへの理解を促し，一方的な指示や感情的叱責から，本人の納得を促すような声かけの仕方や子どもの自己決定の尊重へと切り替えを支援することが必要である。またこの時期は，本人から支援者へ直接相談できる場を設けていくことも必要である。

　また異性に関する関心が高まり，性的成熟や子どもの性的行動に対して，親がどのように理解しかかわってゆけば良いかといった戸惑いを多くあげられる。特に母親にとって異性である息子に対する対応については，自信のなさや不安を感じることが多い。性教育は本人に対してだけでなく，親のニーズも高い。知的障害の有無や成長過程によって親の望む性教育に関する相談ニーズは異なっているが（大久保・井上，2008），学校を含めて相談の場は不足しており，支援の場が求められている。

　義務教育から離れ，高等学校進学に際しては全日制の他は，フリースクール，通信制，定時制，単位制，など選択肢が拡大し，進路決定に際して多くの情報が求められる。各学校の体験入学や進学相談とともに，前述したようなペアレント・メンターからの情報提供などが，学校からの進路相談と合わせてなされることが望ましい。

　就労に際しては，相談の場や本人のトレーニングの場は大きな地域格差がある。手帳の取得，福祉就労や障害者就労に対する本人と親との考え方の違いについて配慮しながら相談支援の場を選択していくことが必要となる。

　思春期以降に生じやすい不安障害については ASD の多くに併存すること（White et al, 2009）が知られている。Steensel ら（2011）は ASD のある若者の 39.6％は，少なくとも一つの併存症としての不安障害を持っており，それらは強迫性障害（17.4％），社交不安障害（16.6％），特定の恐怖症（29.8％）など多様であることを報告している。またこれらの不安の高さは IQ と関連する（Sukhodolsky et al, 2008）という報告もある。

　不安障害などの併存症については環境設定や認知行動療法，特に暴露療法などの効果が示されてきているが，治療に関しては親の協力が不可欠である。そのためには本人の治療と併行して，親に対する併存症に対する情報提供や心理教育による症状理解，治療方針の説明と協力体制の構築が望ましい。

ASDの併存症やその治療に対する親も含めた一般的な啓発はいまだ十分とはいえず，予防研究の進展と共にインターネットなどを通じたリスク啓発が急務である。

　成人期の家族からの相談は，就労，ひきこもりや家庭内での不適応行動，友人・近所・親戚も含めた人間関係，消費トラブルや経済的な問題，既婚者の場合はパートナーとの関係や子育て，親なき後のこと等。この時期の特徴としては本人からの相談が多くなるが，親からの相談以外に，配偶者やきょうだい，など相談者もより多様となる。

　ライフステージを通じて，本人や家族が相談や支援を求めることができず，問題を抱え込んでしまうことでより深刻化させてしまうケースが存在する。地域社会からの孤立を防ぐためにも，生活・福祉・労働・医療等の多様な相談窓口において発達障害に対応できる職員研修を行い，本人の特性や家族の支援ニーズに合わせた支援が提供できるように研修システムを整備していく必要がある。特に成人期において生活を親や養護者に依存しているケースでは，主たる養護者が離別した後に家族間で新たにトラブルや軋轢が生じるというケース報告もあり，家庭内での経済的虐待や心理的虐待が生じたケースもある（井上，2014）。

　井上（2014）は虐待の防止や早期の対応のため，自立支援協議会に権利擁護部会を設置するなどの組織づくり，中核機関を中心とした定期的な関係機関等との情報交換・協議の場の存在とともに，支援ネットワークを各階層別に分け，それぞれの機能を分化させ，虐待防止センターや自立支援協議会が中心となって繋いでいく階層モデルを提案している。

Ⅲ　家族支援の連携

　ライフステージに合わせて家族支援を実施していく上では，複数の機関の連携が重要であることはいうまでもないが，それには多くの困難性や限界があるのも事実である。最後にこうした機関同士の連携を繋ぐためのインターフェイスとしてのツールや仕組みについて考えてみたい。

　現在，発達障害に関する福祉サービスの窓口やサービス提供機関は自治体

ごとに大きく異なっている。親が支援にたどり着くためには，まず地域でこれらに関する情報を集めることが求められる。地域ごとの機関や窓口，専門家の得意分野や紹介方法などをまとめた「地域リソースブック」を発達障害者支援センターや親の会，ペアレント・メンターなどで共同作成し，各機関で共有することは親にとっても各支援機関にとっても連携の第一歩となる。また井上ら（2008）は一人ひとりの親自身によって構築され，個別に閲覧許可が出せるクローズドSNSを利用してインターネット上に支援情報を共有するシステムの構築を試みた。これによって歴代の担任や支援者が見いだしたニーズや有効な支援法を写真や動画を用いて時間を超えて周囲の人々に伝えたり，前任者が新しい支援者を支援したりすることも可能になる。親がサイトを運用管理できることが必要であるが，行政側のコストがなく実行可能な連携方法であると考えられる。

　もう一つはペアレント・メンターという当事者による当事者支援の仕組み作りである。メンターには同じ体験をしてきた親としての「高い共感性」と地域の教育・医療・福祉などサービスを体験し現状を理解した上での「ユーザー視点からの情報提供」に特徴がある。メンターは，診断後支援，ペアレント・トレーニング，サポートブック作成，就学に関するグループ相談，個別の支援ファイル作成支援，学齢期の情報提供，進路相談，キャラバン隊による啓発活動などにおいて，障害のある子どもを育ててきた経験や知識や地域の情報を生かして相談相手や地域機関との連携役になることが期待されている。このような地域でのメンター活動をそれぞれの専門支援機関や行政がバックアップしていくことで，当事者視点での途切れのない家族支援が地域で根付き，広がっていくと考える。

文　献

相浦沙織・氏森英亜（2007）発達障害児をもつ母親の心理過程―障害の疑い時期から診断名がつく時期までにおける10事例の検討．目白大学心理学研究 3；131-145.

Drotar D, Baskiewicz A, Irvin N et al（1975）The adaptation of parents to the birth of an infant with a congenital malformation : A hypothetical model. Pediatrics 56（5）; 710-717.

芳賀彰子・久保千春（2009）軽度発達障害児を養育する父母の心身のストレスについて．心身医学 49（11）；1216．
本田秀夫（2014）発達障害の早期支援．精神療法 40（2）；299-307．
Howlin P & Asgharian A (1999) The diagnosis of autism and Asperger syndrome: Findings from a survey of 770 families. Developmental Medicine and Child Neurology 41 (12); 834-839.
井上雅彦（2011）児童期の対応とペアレント・トレーニング．そだちの科学 17；48-52．
井上雅彦（2014）虐待予防と家族支援について．発達障害年鑑 5．明石書店．
井上雅彦・吉川徹・日詰正文，他（編著）（2011）ペアレント・メンター入門講座 発達障害の子どもをもつ親が行なう親支援．学苑社．
井上雅彦・竹中薫・福永顕（2008）発達障害児支援におけるインターネットを利用した連携システム―保護者が管理者となるコミュニティ掲示板の利用．鳥取臨床心理研究 1；3-7．
井上菜穂・井上雅彦・前垣義弘（2014）障害児のきょうだいの心理的支援プログラムの効果．米子医学雑誌 65；101-109．
井上菜穂・井上雅彦（2014）発達障害の家族への支援．公衆衛生 78（6）；402-405．
岩坂英巳・中田洋二郎・井澗知美（2004）AD/HD のペアレント・トレーニングガイドブック―家庭と医療機関・学校をつなぐ架け橋．じほう．
今野和夫（2011）障害児の祖父母に対する支援についての展望．秋田大学教育文化学部教育実践研究紀要 66；45-54．
厚生労働省（2013）平成 24 年度 都道府県・市区町村における障害者虐待事例への対応状況等（調査結果）．
Matsuo R, Inoue M, Maegaki Y (2015) A comparative evaluation of parent training for parents of addescents with developmental disorders. Yonago Acta Medica 58 (3); 109-114.
Meyer DJ & Vadasy PF (1994) Sibshops: Workshops for siblings of children with special needs. Brookes, Baltimore.
柳楽明子・吉田友子・内山登紀夫（2004）アスペルガー症候群の子どもをもつ母親の障害認識に伴う感情体験―「障害」として対応しつつ，「この子らしさ」を尊重すること．児童精神医学とその近接領域 45（4）；380-392．
中田洋二郎（1995）親の障害の認識と受容に関する考察―受容の段階説と慢性的悲哀．早稲田心理学年報 27；83-92．
大久保賢一・井上雅彦・渡辺郁博（2008）自閉症児・者の性教育に対する保護者のニーズに関する調査研究．特殊教育学研究 46（1）；29-38．
大久保賢一・井上雅彦（2008）自閉症児・者の性的問題行動に関する保護者の意識―親の会への質問紙調査から．発達障害研究 30（4）；288-297．

Reaven JA, Blakeley-Smith A, NicholsS et al (2009) Cognitive-behavioral group treatment for anxiety symptoms in highfunctioning autism spectrum disorders. Focus on Autism and Other Developmental Disabilities 24 (1) ; 27-37.

Seligman M (1991) Grandparents of disabled grandchildren : Hopes, fears, and adaptation. Families in Society 24 ; 147-152.

Steensel FJA & Bogels SM (2011) Anxiety disorders in children and adolescents with autistic spectrum disorders : A meta-analysis. Clinical Child and Family Psychology Review 14 ; 302-317.

Sukhodolsky DG, Scahill L, Gadow KD, et al (2008) Parent-rated anxiety symptoms in children with pervasive developmental disorders : Frequency and association with core autism symptoms and cognitive functioning. Journal of Abnormal Child Psychology 36 ; 117-128.

辻井正次 (2014) 楽しい子育てのためのペアレント・プログラムマニュアル．厚生労働省平成 25 年度障害者総合福祉推進事業報告書．

White SW, Oswald D, Ollendick T, et al (2009) Anxiety in children and adolescents with autism spectrum disorder. Clinical Psychology Review 29 ; 216-229.

山根隆宏 (2010) 高機能広汎性発達障害児をもつ母親の障害認識の困難さ．神戸大学大学院人間発達環境学研究科研究紀要 4 (1) ; 151-159.

山根隆宏 (2011) 高機能広汎性発達障害をもつ母親の診断告知時の感情体験と関連要因．特殊教育学研究 48 (5) ; 351-360.

山岡祥子・中村真理 (2008) 高機能広汎性発達障害児・者をもつ親の気づきと障害認識―父と母との相違．特殊教育学研究 46 (2) ; 93-101.

第12章
成人期の発達障害
――ASDの最近の研究と臨床報告について
金井智恵子・加藤進昌

はじめに

　DSM-5（American Psychiatric Association, 2013）によると，自閉症スペクトラム（Autism Spectrum Disorder : ASD）とは，「対人コミュニケーションの問題」「限定した興味と反復行動」が主要項目であり，これらが発達早期に認められるか，あるいは幼少期を過ぎて初めて出現する場合があるとされている。

　近年，幼児期だけではなく，成人期のASDが注目されている。その背景には，第一に，近年のASDの有病率の高さが挙げられる。第二に，ASDの中でも，知的な遅れを伴わない高機能ASDは「性格の問題」として，成人になるまで見過ごされるケースが多いことが考えられる。そのため，最近では成人になって初めて医療機関を来院するケースが少なくない。これらの背景により，成人ASDの関心の高まりにつながっている可能性がある。特に成人期のASDの場合，診断の困難さが報告されているため（Kanai et al, 2012），ASD臨床像を理解しておくことが重要である。本章では，最近の成人期ASDの研究および臨床について報告する。

I　臨床上の成人ASDの患者

　初診時のインプレッションとして，まず表情が乏しい，アイコンタクトの異常（合いにくさ・合いすぎる）が認められることが多い。しかしながら，アイコンタクトに関しては，社会スキル能力の高い人はこれまでの社会経験

に基づいた学習効果が大きいため、一見問題がないような患者も存在する。また典型的なASD患者の中には、顔立ちは整っているのに、ファッションや身だしなみには無頓着な状態で、大きなリュックサックを抱えて来院するものも少なからずいる。さらに、歩き方などのぎこちなさ、バランス感覚のアンバランスさも大きな特徴の一つであろう。

　面接の中では、社会・コミュニケーション「本音と建前が分かりづらい」「判断基準が本人の中にしかなく、他人の視点が理解できない」「一方的なコミュニケーションの取り方」「相手の意図が理解できない・本人の意図も上手く伝えられない」「言語力の豊富さ」「ノンバーバル使用の欠落」、こだわり「限定された興味と強いこだわり、その他への事柄には無関心」、その他「ぎこちなさ・不器用さ」「感覚過敏」「対人場面での疲労感の高さ」の側面を主に考慮している。また面接場面において、「情緒面でのコミュニケーションによる交流が豊かである」かどうかについても、診断および評価において重要な指標になると思われる。さらに面接回数を重ねていくと、「他人の揚げ足を取る」「嫌味をよく言う」「巧妙なうそをつく」など複雑なコミュニケーション能力が備わっているかどうかについても検討する必要がある。

　しかしながら、成人期の場合、横断的な側面でASDの特徴を捉えようとすると、統合失調症、社交不安障害、パーソナリティ障害などが含まれる可能性がある（Kanai et al, 2012）。そのためには、ASDの評価を正確に行う必要がある。

II　ASDの診断および評価

　ASDは発達の早期にその特徴が認められるため、縦断的な発達的側面を踏まえて診断を行うことが求められる。そのためには、本人の幼少期の発達を熟知している養育者からの情報が不可欠である。養育者からは、幼少期における発達上のエピソードについて詳細に聞き取った後、ASD児の特徴である"社会コミュニケーション力"（例：視線が合わない、あやしても反応が乏しい、一人でいつまでも積み木遊びをする、名前を読んでも振り向かない、言葉が遅れる、オウム返し、会話が一方的であるため、やり取りが成立

しないなど),および"こだわりや変化への弱さ"(例:赤い色の服しか着ない,電車やバスで座る位置が決まっている,初めての場所に行くと,パニックを起こす,自己刺激行動,など),その他の特徴(微細運動/バランス感覚の問題,睡眠障害,感覚への反応の特異性,など)が認められるかについて,他の環境要因(養育者による祖父母の介護により幼少期の当事者の発達に関する情報が得られにくい,一人っ子で,近所に住む同年代の子どもがほとんどいないため,社会性を身につける機会が失われている,など)を含めて慎重に検討することが重要である。

成人ASDの場合,特に高機能では,幼少期はASDの特徴が顕著に示されることが多いが,就学後,集団の中で対人関係を学ぶことによって,ある一定の社会スキルを身につけるため,成人になると,ASDの症状が寛解に近い場合も見受けられる。これらの傾向についても,正確に評価するために,現在さまざまな診断ツールが用いられている。

Ⅲ　ASDの診断・評価方法

現在,ASDの診断・評価方法として,「一次スクリーニング・アセスメント(乳幼児健診,健康診断など)」「二次スクリーニング・アセスメント(ASDの疑いがあるケースに対して,診断につなげることを目的とする)」「診断・評価」という流れに分けることができる(辻井・他,2014)。以下は,「二次スクリーニング・アセスメント」および「診断・評価」の段階に基づき,成人期の代表的なアセスメントツールを紹介する。

1.　二次スクリーニング・アセスメント
1)　親面接式自閉スペクトラム症評定尺度　テキスト改訂版
　　　(Parent-interview ASD Rating Scale-Text Revision : PARS-TR)

PARSは,安達ら(2008)によって開発された専門家による評価尺度であり,全57項目,8領域から構成されており,既に信頼性・妥当性が検討されている(Ito et al, 2012)。その後,テキスト改訂されPARS-TRと変更されている。PARS-TRは「幼児期」「児童期」「思春期・成人期」の3つの年齢

帯別に現在の行動評価および幼児期の回顧的行動評価を行い，ASDに該当するか否かを判定する。ASDの判定は，幼児期9点以上，思春期・成人期20点以上であれば，ASDが強く示唆される。臨床的には，PARS-TRにより，幼児期の方がカットオフを大幅に超えているが，思春期・成人期ではカットオフ程度の得点であれば，ASDの可能性は極めて高くなるであろう。一方で，幼児期と思春期・成人期の得点が逆のパターンになることも多い。たとえば，適応障害，パーソナリティ障害，気分障害などのASD以外の診断をもつ人や，自称アスペルガー（本人がアスペルガーだと思い込んでしまい，アスペルガーだと訴える人）と称される人の多くは（金井・他，2011）思春期，あるいは青年期以降からASDに類似した特徴が認められることが少なくない。このように正確な診断につなげるためにも，ASDの症状評価尺度を用いることが望ましい。また，本人が成人の場合，数十年の養育者の記憶に依存する部分が大きく占めるため，母子手帳，保育施設での連絡帳，母親の育児記録，成績表などが参考になる。

2）自閉症スペクトラム指数（Autism-SpectrumQuotient：AQ）

AQは，Baron-Cohenら（2001）によって開発された自記式質問紙である。AQ日本版は，若林ら（2004）によって尺度の有用性の検討が行われている。本検査は，成人期の知的な遅れがない人に対して自閉的な特徴を評価するために用いられる。AQは，検査方法が簡便な自記式質問紙であり，短時間で成人期のASDのスクリーニングが可能である。

AQは50項目から構成されており，5領域に分類される（①社会スキル，②注意の切り替え，③細部への注意，④コミュニケーション，⑤想像力）。すべての項目に対し，四段階（「1. あてはまる」「2. どちらかといえばあてはまる」「3. どちらかといえばあてはまらない」「4. あてはまらない」）で自己評価し，自閉的な特徴を得点化するスケールである。AQでは，自閉的な特徴が高ければ，得点は高くなる（満点50点）。採点方法は，「1. あてはまる」「2. どちらかといえばあてはまる」で回答した場合には，1点，「3. どちらかといえばあてはまらない」「4. あてはまらない」で回答した場合には，0点が加えられるが，いくつかの質問には，逆転項目が含まれている。ASD

の判定については，AQ が 33 点以上であれば，ASD が強く疑われる。

　使用上の注意については，ASD の患者では自己認知が乏しい場合も少なくないため（金井・他，2011），自記式質問紙だけに頼るのではなく，面接等を含めた総合的な評価が必要である。また AQ は，ASD だけではなく，パーソナリティ障害，不安障害，統合失調症などのその他の精神疾患においても，得点が高くなる傾向があるので，臨床場面では，1 つの参考の目安として考えることが望ましい。

2．診断・評価
1）自閉症診断観察検査（Autism Diagnostic Observation Schedule：ADOS）

　Lord ら（1989）によって作成された ADOS は，自閉症診断補助のための行動観察評価であり，「観察・コーディングプロトコール」「診断アルゴリズム」の 2 つに分かれている。これらは，対象者の言語発達水準と年齢に準じて 4 つのモジュールに分類されている。「モジュール 1」は，有意味語を話せないか，あるいは一度に一語のみしか話せない子どもを対象としており，積木，おやつ，玩具などを使用する。「モジュール 2」は，二語文か三語文を話す子どもを対象としており，おやつ，玩具，絵本などを使用する。「モジュール 3」は流暢に話す子どもから思春期までの子どもを対象としており，玩具を用いる観察よりも，対話の比重が大きくなる。「モジュール 4」は流暢に話す成人を対象とし，玩具的な小道具の使用は限られ，主に対話をする。成人対象の「モジュール 4」においては，絵本，玩具などを用いた課題と質問による課題の合計 15 項目から構成されている（例，構成課題，本のストーリー説明，絵の叙述）。検査者は「観察プロトコール」に基づき面接を進めた後，観察された行動を 0 〜 2 あるいは 0 〜 3 点で評価する。所要時間はおよそ 90 〜 120 分である。

　「コーディングプロトコール」の数値の一部は，「診断アルゴリズム」に転記される。ASD の主症状である①意思伝達，②相互的対人関係，③想像力，④常同行動と限局された興味のそれぞれの合計得点により，ASD および autism のカットオフを超える場合には，ASD が強く示唆される。

2012年には，自閉症診断観察検査2（Autism Diagnostic Observation Schedule, Second Edition：ADOS-2）が米国で出版されており（Lord et al, 2012），基本的にはADOSの構造と手続きは同様であるが，大きな変更点としては，より低年齢を対象にした乳幼児モジュールを追加していることである（辻井・他，2014）。烏山病院における成人ASDを対象とした調査によると，ADOSと診断の一致率は95％以上であった。このようにADOSは診断との高い一致率が示されるものの，このアセスメントは横断面からの評価であるため，統合失調症などの他の精神疾患をポジティブに捉えてしまう可能性があり，その場合には，擬陽性につながる。そのため，現時点の当事者に対する評価だけではなく，発達の縦断面から評価が可能なPARS-TRおよびADI-Rを実施することが必須であろう。

2）自閉症診断面接（Autism Diagnostic Interview-Revised：ADI-R）

　ADI-Rは，英国のLe Couteurら（1989）により，従来の診断法を標準化する目的で作成されたものであり，主な養育者を対象にして，半構造化面接法で行われる。対象は精神年齢2歳以上であり，所要時間はおよそ90〜150分である。ADI-Rは93項目から構成されており，そのうち，ASD診断により重要とされる42項目が診断アルゴリズムとされている。診断アルゴリズムは，自閉症の3つ組および症状出現時期の4領域（①相互的対人関係の質的異常，②意思伝達の質的異常，③限定的・反復的・常同的行動様式，④生後36カ月までの顕在化）のそれぞれにおいて，カットオフが設けられており，4つの領域のすべてがカットオフを超えるものであれば，自閉症スペクトラムの可能性が高くなるとされている。

　ADI-Rは，PARS-TR同様に，養育者の過去の記憶想起に依存するため，情報バイアスが生じることを念頭に置く必要がある（辻井・他，2014）。養育者による幼少期の時期の振り返りでは，同性のきょうだいが3人以上である，あるいはきょうだいの片方に障害がある場合には，ほとんど記憶にないことがある。一方で，養育者が強くASDを望む場合には，すべての行動特性が自閉症に関連づけられて答える傾向がある。これらのバイアスを考慮すると，評価者は発達歴を詳細に聞き出し，養育者がASDの特徴を認められ

ると回答した場合には，必ず例を挙げてもらい，それらが自閉的な行動特徴なのか，あるいは幼児期に見られる一過性の発達的な特徴なのかについて，正確に判断する必要がある。そのためにも，評価者は幼児期の定型発達児の発達を熟知しておかなければならない。また，ASDの診断を含め，ADI-Rのように，養育者の過去の記憶想起による場合には，情報バイアスが生じるため，さまざまなバッテリーを用いることが求められる。そのためにも，心理尺度だけではなく，脳画像や神経生理学指標を用いたASD診断補助を目指した研究の発展が望まれる。

IV ASDの臨床統計

ASDの有病率については，DSM-Ⅳに基づき，ASD（PDD：広汎性発達障害）に含まれるアスペルガー障害について調査した研究がある。Ehlersら（1993）がDSM-Ⅳより幅広いGillbergらの診断基準を用いた研究でアスペルガー障害の有病率を0.36％，アスペルガー障害の疑いを含めた場合は0.7％と高い数値を報告している。

また，ASDは社会性やコミュニケーションの質的な不得手などから就学，就労，婚姻などあらゆる社会的状況に適応することが困難であることが報告されている（Howlin et al, 2000）。ASDのうち，アスペルガー障害においては正常，あるいは正常よりも高い知能を有しているにもかかわらず，そのIQから予想されるより，社会生活が制限されていることが多い（Cederlund et al, 2008）。また彼らはアスペルガー障害70名，自閉症70名を対象に前向き研究を実施した。アスペルガー障害患者では福祉などのサービス介入を受けていない就労率は17％であり，そのうち，26％が職業や知人も持たない社会的孤立状態を経験している。また23歳以上のケースにおいては，64％が単身生活をしているもののその全員が両親に何らかのサポートを受けていることを報告している。自閉症ではさらに悪い結果であり，83％は就労せずにきわめて制限された生活を送っていることを報告した。Balfeら（2010）が行った42名のアスペルガー障害者に関する調査では，95％にいじめの経験があり，85％が何らかの理由で医療機関を訪れ54％が薬物治療を受けて

いる，と報告している。

　Taniら（2012）は，ASDのうちアスペルガー障害患者との生育環境や精神症状についての調査を報告している。2008年6月1日より2010年10月まで烏山病院発達外来を受診したアスペルガー障害は99名であった。アスペルガー障害の就労率は36%，婚姻率は16%，不登校は18%，社会的ひきこもりは15%，いじめは45%であった。同調査ではアスペルガー障害を同外来に初診した「診断閾値下であるが社会性に問題のある健常例」と比較しているが，その定型発達例とは教育歴に差がないにも関わらず，就労率，婚姻率は有意に低く，社会的ひきこもり，いじめの経験率は有意に高かった。また同調査ではアスペルガー障害群で抑うつ，不安，意欲低下，強迫といった精神症状も有意に多く認めることも報告しており，アスペルガー障害の持つ不利益が改めて明らかになっている。ASDの就労率や婚姻率，社会的ひきこもりなどの社会的背景を調査した研究や成人ASD患者の動向を論じている報告は依然少なく今後も更なる調査が期待される。

V　ASDの神経心理学

　近年，ASDの神経心理学的研究では，ウェクスラー式知能検査に基づき成人期のASDの認知的な特性を検討したものが報告されている。Kanaiら（2012）は，高機能ASDを対象にWAIS-Ⅲを実施したところ，アスペルガー障害が最もIQが高かった（アスペルガー障害＞PDDNOS＞高機能自閉症）（図12-1）。また，言語性IQと動作性IQについては，ASDでは言語性IQ＞動作性IQであり，その差は約15であった。また，言語理解「単語，知識，理解」でアスペルガー障害は高く，処理速度「符号，記号さがし」で高機能自閉症は低かった（図12-2，表12-1）。Kanaiらの研究と，児童期のASDの認知パターンを検討したde Bruinら（2006）の研究を比較すると，児童と成人ASDにおいて認知特性はほとんど類似していた。つまりアスペルガー障害の優れた言語能力，高機能自閉症の目と手の協応などの協調運動の困難さが，児童期と成人期のASDにおいて共通の特徴であると考えられる。このことは，成人期の高機能ASDでは発達過程を通じて社会常識を身につけ

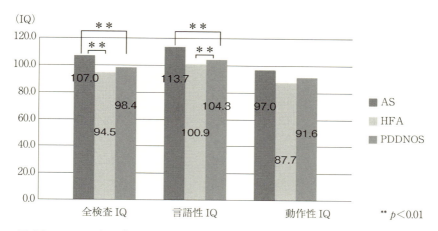

図 12-1　アスペルガー障害（AS），高機能自閉症（HFA），特定不能の広汎性発達障害（PDDNOS）の WAIS-Ⅲ（全検査 IQ，言語性 IQ，動作性 IQ）の比較
DSM-Ⅳに基づく　IQ ≧ 70

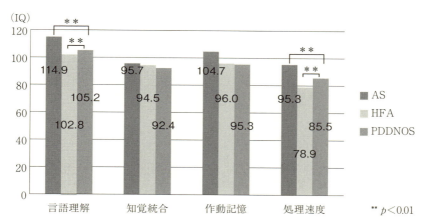

図 12-2　アスペルガー障害，高機能自閉症，特定不能の広汎性発達障害の WAIS-Ⅲ（群指数）の比較

表 12-1 アスペルガー障害，高機能自閉症，特定不能の広汎性発達障害の WAIS-Ⅲ（下位項目）の比較

WAIS-Ⅲ（下位項目）	AS (47名) Mean	SD	HFA (24名) Mean	SD	PDDNOS (51名) Mean	SD	F (2, 118)
単語	14.2[a,b]	3.8	10.3[a]	3.8	11.9[b]	3.4	10.15
類似	12.2	2.7	11.0	3.0	11.0	3.4	2.33
算数	11.0	3.0	9.4	3.9	9.3	3.5	3.42
数唱	11.1	3.8	10.2	3.7	10.6	3.8	0.52
知識	11.9[a]	2.8	10.1	3.1	10.0[a]	3.1	5.61
理解	13.5[a,b]	3.3	9.9[a]	4.4	10.6[b]	3.4	11.35
語音整列	10.2	3.4	8.9	3.1	8.8	3.8	2.26
絵画完成	8.3	3.2	7.5	3.1	7.9	2.9	0.59
符号	9.0[a,b]	4.0	6.1[a]	3.1	6.8[b]	3.3	6.85
積木模様	9.7	4.6	8.1	3.3	8.5	3.4	1.76
行列推理	10.1	3.6	10.0	2.7	9.8	3.7	0.12
絵画配列	9.8	4.1	9.5	4.2	10.1	4.1	0.23
記号探し	9.4[a]	3.7	6.4[a]	3.3	8.1	3.4	5.94
組み合わせ	8.1	3.9	6.8	2.7	7.9	3.4	0.97

註：肩つきの同じアルファベット同士は有意差を示す（a and b）。
* $p < .005$, ** $p < 0.01$, *** $p < 0.001$

ていくことが予想される。しかしながら，対象者が異なるため，今後は児童期から成人期までの縦断的な研究が必要であろう。

Ⅵ 夫婦関係に焦点を当てた ASD 夫婦の支援

この数年間，臨床を重ねていくうちに，ASD 当事者だけではなく，そのパートナーの悩みも深いものがあり，その支援が極めて重要であることがわかってきた。最近では，マスコミを通じて，夫婦生活の中で，当事者とのコミュニケーションの成立が困難であるために，日々の生活の中で精神的な苦悩を抱えているパートナーへの支援の必要性も取り上げられるようになっている。

第12章 成人期の発達障害——ASDの最近の研究と臨床報告について

表 12-2 ASDの夫婦のグループのプログラム

回数	実施	プログラム内容
1	9月	自己紹介，今後の予定，質問紙の配布・記入
2	10月	日常生活の中で困っていること，その工夫1
3	11月	日常生活の中で困っていること，その工夫2
4	12月	あなたにとってパートナーとは？
5	1月	結婚生活で上手くいく秘訣
6	2月	子どもについて，楽しいことや困っていること（その工夫）
7	3月	金銭感覚がない
8	4月	ストレス・マネージメントの方法
9	5月	感情のコントロール
10	6月	このグループを通じて変化したこと，質問紙配布・記入

　このため，夫婦関係に焦点を当てたASD夫婦の支援が必要であったため，烏山病院では，平成21年より，ASD夫婦のグループを立ち上げ，全2クールのプログラムを実施した。ここでは，1クール目のグループを紹介する。参加者は，ASD夫婦（高機能ASD当事者12名：平均41.9歳，男性9名，女性3名・パートナー11名：平均43.6歳，男性2名，女性9名）であった。

　まずグループの目的は，"障害特性を理解すること""コミュニケーションを通じて夫婦間の理解を深めること"とした。このグループでは，ASD当事者群およびパートナー群はそれぞれ別室でプログラムが行われた。プログラムは全10回から構成されており，毎回のテーマ（例：日常生活の中で困っていること）に沿って，ディスカッションを行う（表12-2参照）。一つのセッションが（1セッション90分）終了すると，メンバーに課題が出される。課題は毎回夫婦同士で「今回のテーマについて感じたこと」について30分程度の話し合いを行い，各自でその内容をまとめることが求められる。この課題を通じて，お互いの理解を深めて，コミュニケーションを図ることが期待されている。そして，次回のセッションの最初に，その課題について，それぞれが発表する（Kanai et al, 2014）。各グループには心理士であるファシリテーターが1名，記録が1名参加し，グループの動向を見守り，逸脱がないようにグループ運営を実施した。

グループ活動中，第2回目の『日常生活の中で困っていること』のテーマでは，各グループ内でさまざまな意見が飛び交った。当事者のグループでは，主に「お金の管理の仕方」「夫婦間のコミュニケーション」が，現在当事者自身が困難と感じていた。1つ目の「お金の管理」については，お金を衝動的に使用するため家族とトラブルになる人もいれば，一方で，かなりお金を使うことに慎重になりすぎてしまい，欲しいものも値段と折り合いが付かないときは断念する人もいるなど，ASDの中では二極化した。これらの解決方法としては，物品を購入する前には，パートナーに相談する，また高価なものを買うときにはきちんと計画を立てることなどの意見が交わされた。「夫婦間のコミュニケーション」では，突然パートナーの機嫌が悪くなり，その理由がわからないため，どのように対応すればよいか途方に暮れるということであった。これは，パートナーの思いを汲み取って欲しいという気持ちの表れではないかという意見が出た。このような場合には，状況を把握するために，その場でパートナーと直接話し合いをすることで，パートナーの気持ちを理解できるのではないかという意見が交わされ，このような対応が実生活でも応用できることが望ましいとされた。

　一方，パートナーのグループでは，当事者の「複雑な感情がわからない」というテーマについて取り上げられ，参加者が日常どうしてよいかわからず途方に暮れている様子が垣間見られた。その後，解決方法について話し合う時間を設けた。「複雑な感情がわからない」に関しては，当事者は世の中には「良い者」「悪い者」「かわいそうな者」というように，単純な情緒表現のみで事物を分けようとする傾向がある。その背景を説明するために，ファシリテーターは，ASDにとって他者の情緒面を推測するのが苦手であることをパートナーに伝えることで，彼らはASDの特性の理解を深めることができたようである。またこの時，これまでの当事者の感情面を振り返ることで，パートナーの気持ちを汲み取ることが難しかったことも認識できた。つまりお互いの感情面を言語化することにより，お互いの理解が深まるのである。

　グループに参加してお互いの変化が感じられるようになったことで，数名の当事者は，夫婦間のコミュニケーションを見直すきっかけになった。具体的には，パートナーとの会話の中で，自分の一言が余計であったのかもしれ

第 12 章　成人期の発達障害——ASD の最近の研究と臨床報告について　*189*

ないと自分なりに反省するようになった。また，パートナーの中には，当事者がこちらの様子を伺うなど，配慮してくれる場面も少しずつ増えてきたことを報告したケースもあった。

　以上のように，夫婦のグループを通じて，夫婦のお互いの理解が深まり尊重した関係性が築けるようになっている。したがって，今後も，グループの有効性を明らかにするために対照群を用いて，グループの変化を調査する必要がある。

　次に夫婦のグループに参加した夫婦に関する事例である。

●山口正雄（仮名）（52），さゆり（45），一樹（22）
　　さゆりは，両親の勧めで，エンジニアとして大手の企業に勤める正雄とお見合いをすることになった。お見合いの日に初めて会った正雄に対する印象は，顔立ちが整っており，まじめで口数の少ない人であった。その後，二人は遠距離だったため，2回だけ会った後，すぐに結婚をすることになり，1年後に子どもが誕生した。主にさゆりが子育てをし，正雄は夜遅く仕事から帰宅するという日々が続いた。ある日，正雄が自分のコップでお茶を飲んでいた時に，まだ幼い一樹が正雄のコップを手に取って口をつけると，いきなり，正雄は怒り出したのである。それと同時にテーブルの上にある食器をひっくり返し，子どもに手をあげようとしたため，とっさにさゆりは子どもを庇った。実はそのコップは正雄のこだわりの一つであり，自分以外の誰かがコップを使うことは，正雄にとって許されないことであった。それ以来，正雄の怒りはさゆりにとって，まったく予期できないものとなり，家の中でも常に子どもから目を離すことができないため，一時もさゆりの心が休まる日はなかった。常に怯えて生活を続けていたさゆりにとって，子どもは二人いるようであり，中でも正雄の方が気難しいと感じていた。
　　数十年経った今でも，正雄はある特定のものへのこだわりがあり，今は数学に固執している。普段，家にいる間，正雄は部屋にこもって，有名大学の入試の赤本に出題されている数学の問題ばかりを解いている。一方，一樹の方は，成長とともに，このような正雄を見て，父親は変わった人だと思うよ

うになった。

　ある日，さゆりが小学校教諭である叔母に夫のことを相談した時に，発達障害の可能性を指摘されたので，夫婦で烏山病院を受診することになった。そして，初診時に正雄は ASD の診断を受けたので，二人で夫婦のグループに参加することになった。夫婦のグループで出された課題に夫婦で取り組みながら，それぞれのグループについて話をしたところ，正雄は当事者グループのメンバーの名前や席順を詳しく説明し，表面的な内容を話すが，振り返りや洞察がまったくできなかった。一方，さゆりがパートナーのグループについて話をしても，正雄はうなずくだけで，特に関心はないようであった。しかし，3回目の当事者のグループに参加した時に，正雄は他のメンバーから，「あなたのその行動がこだわりというのですよ。それこそ，ASD の特徴ですね」と指摘されたことがきっかけで，自分の特性を理解するようになった。また自分の特性が家族を困らせている原因になっていることも認識するようになった。さゆりも，パートナーのグループを通じて，他のメンバーの当事者にもこだわりがあることを知り，私だけが困っていたのではなかったという気持ちになったと同時に，こだわりへの対処方法も学ぶことができた。またこれまで正雄に対して恐怖心を抱えていたが，実は，正雄のこだわりに触れると，感情コントロールが困難になることが理解できた。これまではさゆりも相談する場がなかったので，孤独感を募らせていたが，このグループを通じて，仲間を作ることができ，安心感が得られ，学びの場となった。今ではパートナーのグループに参加していたメンバー同士でメール交換をしたり，時には食事をする仲になっている。一方，正雄はというと，特に当事者同士で集まることはなく，相変わらずコップや数学への執着はあるものの，さゆりの言い分を理解しようと努めてくれている。

おわりに

　成人期の ASD の臨床像を中心にして臨床的および研究的な視点について報告した。まず臨床的な側面については，成人期の場合，ASD 特有の特徴が示されるが，横断的な側面で診断を行うと，過剰診断につながる可能性が

ある。正確な診断を行うためには，精神科領域の医師は精密な診断技法を身に付けることが求められる。また心理士によるアセスメントの実施，養育者からの情報，幼少期から児童期における当事者の資料などが大いに役立つ。一方，研究的な側面については，近年の有病率の高さは，診断精度の向上等により見かけ上の増加が報告されている。しかしながら，近年，我が国の医療・保育施設において，高機能 ASD の増加が認知されているという点でも，実際の発生率の増加は否定できない。また ASD における他の精神疾患の併発率は比較的高いことが示唆されたため，ASD の見極めや治療につなげる必要がある。最後に，ASD の認知特性については，ASD 全体の傾向は類似していたが，この結果が直接診断に結びつくわけではない。診断の判断材料というよりは，患者の自己理解の促しや就労支援につなげることが望ましいと考えられる。

付　記

本研究の一部は学術研究助成基金助成金基盤研究（C）成人自閉症スペクトラム障害に対するデイケア機能を活かした多角的支援法の開発（主任研究者：加藤進昌）として行われた。

文　献

安達潤・市川宏伸・井上雅彦，他（2008）広汎性発達障害日本自閉症協会評定尺度（Pervasive Developmental Disorders Autism Society Japan Rating Scale : PARS）．スペクトラム出版社．
American Psychiatric Association（2013）Diagnostic and Statistical Manual of Mental Disorders. 5th ed. Washington, DC, American Psychiatric Association.
Balfe M, Tantam D（2010）A descriptive social and health profile of a community sample of adults and adolescents. BMC Research Notes 3 ; 300.
Baron-Cohen S, Wheelwright S, Skinner R, et al（2001）The autism-spectrum quotient（AQ）: Evidence from asperger syndrome/high functioning autism, male and females, scientists and mathematicians. Journal of Autism and Developmental Disorders 31（1）; 5-17.
Cederlund M, Hagberg B, Billstedt E, et al（2008）Asperger syndrome and autism : A comparative longitudinal follow-up study more than 5 years after original diagnosis. Journal of Autism and Developmental Disorders 38（1）; 72-85.

de Bruin EI, Verheij F, Ferdinand RF (2006) WISC-R subtest but no overall VIQ-PIQ difference in Dutch children with PDD-NOS. Journal of Abnormal Child Psychology 34 (2) ; 263-271.

Ehlers S, Gillberg C (1993) The epidemiology of Asperger syndrome : A total population study. Journal of Child Psychology and Psychiatry 34 (8) ; 1327-1350.

Howlin P, Mawhood L & Rutter M (2000) Autism and developmental receptive language disorder-a follow-up comparison in early adult life. II : Social, behavioural, and psychiatric outcomes. Journal of Child Psychology and Psychiatry 41 (5) ; 561-578.

Inada N, Koyama T, Inokuchi E et al (2011) Reliability and validity of the Japanese version of the Modified Checklist for Autism in Toddlers (M-CHAT). Research in Autism Spectrum Disorders 5 (1) ; 300-336.

Ito H, Tani I, Yukihiro R, et al (2012) Validation of an interview-based rating scale developed in Japan for pervasive developmental disorders. Research in Autism Spectrum Disorders 6 (4) ; 1265-1272.

Le Couteur A, Rutter M, Lord C, et al (1989) Autism Diagnostic Interview : A semistructured interview for parents and caregivers of autistic persons. J Autism Dev Disord 19 ; 363-387.

Lord C, Luyster RJ, Gotham K et al (2012) Autism Diagnostic Observation Schedule : Toddler Module. Los Angeles, CA, Western Psychological Services.

Lord C, Rutter M, Goode S et al (1989) Autism diagnostic observation schedule : A standardized observation of communication and social behavior. Journal of Autism and Developmental Disorders 19 (2) ; 185-212.

金井智恵子 (2011) 精神科臨床評価検査法マニュアル (改訂版) 心理検査 (発達). 臨床精神医学 39 ; 457-463.

Kanai C, Iwanami A, Ota H, et al (2012) Clinical characteristics of adults with Asperger's syndrome assessed with self-report questionnaires. Research in Autism Spectrum Disorders 5 (1) ; 185-190.

金井智恵子・加藤進昌 (2013) 自閉症スペクトラム障害を対象にした親子の会の影響について―夫婦関係を中心に. 精神科 22 (6) ; 679-686.

Kanai C, Tani M, Hashimoto R, et al (2012) Cognitive profiles of adults with Asperger's disorder, high-functioning autism, and pervasive developmental disorder not otherwise specified based on the WAIS-III. Research in Autism Spectrum Disorders 6 (1) ; 58-64.

Kanai C, Tani M & Kato N (2014) The Comprehensive Guide to Autism : Clinical characterization of adults with Asperger's syndrome-clinical data bases of outpatient clinic at Showa University Hospital for adults with ASD in

Japan-C. New York, Springer.

金井智恵子・湯川慶典・加藤進昌,他（2011）自称アスペルガー障害と本物をどう見分けるか.精神科 18（4）；314-320.

Robins DL, Fein D, Barton ML, et al（2001）The Modified Checklist for Autism in Toddlers : An initial study investigating the early detection of autism and pervasive developmental disorders. Journal of Autism and Developmental Disorders 31（2）；131-144.

Tani M, Kanai C, Ota H, et al（2012）Mental and behavioral symptoms of person's with Asperger's syndrome : Relationships with social isolation and handicaps. Research in Autism Spectrum Disorders 6（2）；907-912.

辻井正次監修,明翫光宜編集代表,松本かおり・他編（2014）発達障害児者支援とアセスメントのガイドライン.金子書房.

若林明雄・東條吉邦・Baron-Cohen S・Wheelwright S（2004）自閉症スペクトラム指数（AQ）日本語版の標準化—高機能臨床群と健常成人による検討.心理学研究 75；78-84.

索 引

▶欧文

ADI-R ……………………… 64, 182, 183
ADOS ……………………… 64, 181, 182
AQ …………………………… 150, 180, 181
ASD 型自己 ………………… 32, 34 〜 38
Asperger …………………………… 30, 73
Baron-Cohen ……………… 32, 34, 180
Being Me ……………………………… 84, 86
CHAT ……………………………………… 49
COMPAS ……………………………… 158, 159
DBD マーチ ………………………… 152, 154
DISCOVERY ………………… 54, 56, 169
DSM …………… 20 〜 22, 29 〜 31, 39, 62 〜 64, 68, 151, 177, 183
Great Mates Great Dates …………… 84
Howlin ……………………… 37, 150, 166
ICD ………… 19, 20, 29, 62, 135, 136, 139
Kanner …………………………………… 30
MCDD ……………………………………… 36, 38
M-CHAT ……………………………… 49, 143
PARS-TR ………………… 143, 179, 180, 182
SOCIALEYES …………………………… 84
SPELL …… 74, 79, 81, 83, 85, 86, 159, 160
TEACCH ……………… 74 〜 80, 83, 85, 86
Wing ……………………………… 30, 63, 150

▶あ

愛着障害 …………… 117, 125, 127, 128
アウトリーチ ………………………… 130, 131
アスペルガー障害 ……… 20, 37, 62, 63, 150, 183, 184, 186
アスペルガー症候群 ……………… 5, 23, 48, 52, 63, 68, 71 〜 74, 79, 83, 85, 87, 134, 135, 149, 150, 151
アセスメント …………… 61, 62, 68, 69, 76, 79 〜 83, 85, 108, 110, 111, 140, 146, 154, 157 〜 160, 165, 168, 179, 182, 191
いじめ ……… 4 〜 6, 15, 16, 23, 46, 126, 127, 129, 153, 155, 167, 170, 183, 184
一般型自己 ………………… 32, 35 〜 40
インクルーシブ ………………………… 98
親支援 …………………………………… 164
親面接式自閉スペクトラム症評定尺度 テキスト改訂版（PARS-TR）………… 179

▶か

学習障害 ……… 5, 6, 18 〜 20, 22, 48, 61, 65, 87 〜 90, 93, 134, 135
学校教育法 ……………………………… 94
気分障害 …………………………… 37, 38, 180
虐待 ………… 4, 15, 117, 123, 124, 125, 128, 129, 136, 141, 152, 153, 155, 164, 173
強迫性障害 ………………………… 39, 172
グッド・ライブス・モデル ……… 157, 158
高機能自閉症 ……… 18, 48, 71, 74, 79, 85, 87 〜 89, 91, 93, 135, 184
行動療法 ………………………………… 73, 84
広汎性発達障害 …………… 5, 19 〜 21, 29, 30, 63, 64, 134, 135, 150, 151, 183
告知 ………………………………… 53, 168
こころの構造 ………………… 32 〜 37
こだわり …………… 21, 109, 113, 114, 141,

164, 165, 169, 178, 179
コミュニケーション障害… 6, 19, 20, 22, 74

▶さ
自己肯定感……………… 53, 77, 113, 153
自己統制による心理的な安定…… 118, 119
自己評価………… 4, 18, 50, 81, 114, 180
自傷…………………… 4, 5, 21, 126, 127
自尊感情と自己受容… 118 〜 120, 123, 126
シブショップ……………………………… 166
自閉症………… 3, 5, 15, 18, 19, 29 〜 31, 37, 45, 47 〜 49, 52, 63, 64, 71 〜 79, 83, 85, 87 〜 89, 91, 93, 97, 134, 135, 142, 150, 182, 183, 186
自閉症診断観察検査（ADOS）… 64, 181
自閉症診断面接（ADI-R）…………… 182
自閉症スペクトラム指数（AQ）
………………………………… 150, 180
自閉症スペクトラム障害
（自閉スペクトラム症）（ASD）
……… 20, 29, 46, 61, 63, 73, 74, 149, 177
司法…………… 3, 15, 146, 149, 151, 156, 170
社会性と対人行動………… 118 〜 120, 122, 123, 126
社交不安障害……………………… 172, 178
就職支援ナビゲータ……………… 108, 143
就労………………… 7, 15, 23, 26, 79, 101, 102, 105, 107 〜 109, 111, 112, 139, 167, 172, 173, 183
就労支援……… 77, 79, 101, 102, 105 〜 111, 114, 115, 140, 191
障害者基本法……………… 3, 18, 95, 136
障害者雇用………………… 3, 101, 102, 105 〜 111, 115, 139, 145
障害者雇用促進法…………… 3, 136, 137
障害者就業・生活支援センター

……………………… 107 〜 111, 137
障害者手帳……… 46, 53, 106, 136, 137, 145
ジョブコーチ…… 23, 106, 111 〜 114, 137
自律スキル……………………………… 50, 51
性教育……………………………… 84, 172
成人 ASD ……………… 177, 179, 182, 184
セルフ・レギュレーション・モデル… 157
ソーシャル・スキル…………………… 50, 51

▶た
注意欠陥多動性障害……… 5, 18 〜 21, 61, 87 〜 89, 91, 93, 134, 135
抽出・絞り込み法……………………… 48
通級指導教室…………………… 74, 94, 96
通常学級………………… 4, 19, 66, 67, 87, 93 〜 97, 138, 170
統合失調症………… 25, 29 〜 32, 35 〜 37, 40, 178, 181, 182
特別支援学校……… 87, 94, 96, 97, 138, 143
特別支援教育…………… 3, 4, 6, 18, 23, 24, 88 〜 90, 93, 94, 96 〜 98, 170
特別支援教育コーディネーター… 93, 170

▶な
二次障害…………… 123, 125, 153, 154, 158
二次的問題……………………………… 50, 52
認知行動療法……………… 84, 86, 156, 172

▶は
暴露療法…………………………………… 172
発達障害者支援センター………… 23, 55, 57, 71, 105, 108, 110, 134, 139, 140, 142, 145, 146, 174
発達障害者支援法… 3 〜 5, 7, 15, 18 〜 20, 71, 72, 94, 95, 102, 133 〜 136, 163
ハローワーク……………… 23, 102, 107, 108,

110, 111, 143, 144
ひきこもり………4, 15, 23, 38, 46, 117, 123,
　　127 〜 129, 131, 153, 167, 173, 184
不安障害…… 37, 39, 164, 167, 172, 178, 181
不登校………　4, 6, 15, 23, 46, 129, 153, 167,
　　170, 184
ペアレント・トレーニング……… 144, 164,
　　169, 171, 174
ペアレント・プログラム………… 144, 164
ペアレント・メンター…………… 145, 164,
　　169, 170, 171, 172, 174
弁証法的行動療法………………………… 84

ホームワーク……………………………… 169
ポスト・リラプス・プリベンション・
　　モデル…………………………………… 157

▶ら

ライフステージ……………… 4 〜 6, 9, 68,
　　101, 164, 166, 167, 173
療育……… 54, 55, 71 〜 79, 85, 86, 139, 169
療育手帳…………………… 3, 73, 102, 139
リラプス・プリベンション・モデル
　　………………………………… 156 〜 158
ロールプレイ……………………… 81, 169

■執筆者一覧（執筆順）

市川宏伸（いちかわ・ひろのぶ）一般社団法人日本発達障害ネットワーク

広沢正孝（ひろさわ・まさたか）順天堂大学大学院スポーツ健康科学研究科

本田秀夫（ほんだ・ひでお）信州大学医学部子どものこころの発達医学教室

神尾陽子（かみお・ようこ）国立精神・神経医療研究センター精神保健研究所／お茶の水女子大学

内山登紀夫（うちやま・ときお）大正大学心理社会学部臨床心理学科

柘植雅義（つげ・まさよし）筑波大学人間系知的・発達・行動障害学分野

小川　浩（おがわ・ひろし）大妻女子大学人間関係学部人間福祉学科

田中　哲（たなか・さとし）東京都立小児総合医療センター

日詰正文（ひづめ・まさふみ）独立行政法人国立重度知的障害者総合施設のぞみの園事業企画局研究部

桝屋二郎（ますや・じろう）東京医科大学茨城医療センター精神科

井上雅彦（いのうえ・まさひこ）鳥取大学大学院医学系研究科

金井智恵子（かない・ちえこ）和洋女子大学人文学部子ども発達学科

加藤進昌（かとう・のぶまさ）昭和大学発達障害医療研究所／公益財団法人神経研究所（晴和病院）

■編者略歴

市川宏伸（いちかわ・ひろのぶ）

埼玉県生まれ。1970年東京大学大学院薬学系研究科修士課程修了，1979年北海道大学医学部卒業，医学博士（東京医科歯科大学），薬学修士（東京大学）。

東京都東村山福祉園医務科長，東京都立梅ケ丘病院院長，東京都立小児総合医療センター顧問を経て，現在は国立発達障害情報・支援センター顧問，（一社）日本児童青年精神医学会監事，（一社）日本発達障害ネットワーク理事長，（一社）日本自閉症協会会長，（NPO）日本自閉症スペクトラム学会会長などを務める。

著書に『発達障害キーワード＆キーポイント』（金子書店），『発達障害の「本当の理解」とは』編（金子書店），『発達障害——早めの気づきとその対応』共編（中外医学社），『専門医のための精神科リュミエール19　広汎性発達障害』責任編集（中山書店），『臨床家が知っておきたい「子どもの精神科」第2版』共編（医学書院），『発達障害の診断と治療』共編（診断と治療社）などがある。

発達障害の早期発見と支援へつなげるアプローチ

2018年4月20日　印刷
2018年4月30日　発行

編著者　市川　宏伸
発行者　立石　正信
装　丁　本間公俊・北村　仁
発行所　株式会社　金剛出版
　　　　〒112-0005　東京都文京区水道1-5-16
　　　　電話 03-3815-6661　振替 00120-6-34848
印　刷　平河工業社
製　本　東京美術紙工協業組合

ISBN978-4-7724-1618-4　C3011　　　　　　Printed in Japan ©2018

子どものこころの生きた理解に向けて
発達障害・被虐待児との心理療法の3つのレベル

［著］=アン・アルヴァレズ　［監訳］=脇谷順子

●A5判　●並製　●336頁　●定価 **4,200**円+税
● ISBN978-4-7724-1591-0 C3011

発達障害や自閉スペクトラム症の
子どもたちの心について
著者の繊細かつユニークな
精神分析的心理療法の視点から解説していく。

自閉スペクトラム症を抱える子どもたち
受身性研究と心理療法が拓く新たな理解

［著］=松本拓真

●A5判　●並製　●240頁　●定価 **3,800**円+税
● ISBN978-4-7724-1586-6 C3011

自閉スペクトラム症を抱える
子どもと青年およびその家族は
何を体験しているのか？
著者が心理療法を通して聞いた心の声を描き出す。

必携 発達障害支援ハンドブック

［編著］=下山晴彦　村瀬嘉代子　森岡正芳

●B5判　●並製　●536頁　●定価 **6,200**円+税
● ISBN978-4-7724-1503-3 C3011

変わりゆく現状に即応するための
発達障害支援エッセンスを結集。
多様化する当事者ニーズに応える
「包括的発達障害ガイド」。